典范城市　低空经济

循环经济

心城市

数宜昌

屈原文化

小流域综合治理

城市和产业集中高质量发展

枢纽赋能

宜居韧性智慧城市

新质生产力发展高地

数化宜昌

宜昌智库

宜昌市社会科学界联合会　编

2024

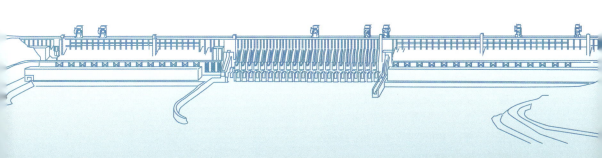

长江出版社
CHANGJIANG PRESS

图书在版编目（CIP）数据

宜昌智库 . 2024 / 宜昌市社会科学界联合会编 .

武汉：长江出版社，2024. 11. -- ISBN 978-7-5492-9895-2

Ⅰ . C53

中国国家版本馆 CIP 数据核字第 20242ZS782 号

宜昌智库 . 2024

YICHANGZHIKU.2024

宜昌市社会科学界联合会　编

责任编辑： 冯曼曼

装帧设计： 刘斯佳

出版发行： 长江出版社

地　　址： 武汉市江岸区解放大道 1863 号

邮　　编： 430010

网　　址： http://www.cjpress.com.cn

电　　话： 027-82926557（总编室）

　　　　　　027-82926806（市场营销部）

经　　销： 各地新华书店

印　　刷： 武汉新鸿业印务有限公司

规　　格： 787mm×1092mm

开　　本： 16

印　　张： 10

字　　数： 160 千字

版　　次： 2024 年 11 月第 1 版

印　　次： 2024 年 12 月第 1 次

书　　号： ISBN 978-7-5492-9895-2

定　　价： 48.00 元

编 者 语

　　党的十八大以来，以习近平同志为核心的党中央高度重视哲学社会科学工作，习近平总书记发表一系列重要讲话，作出一系列重要指示批示，深刻回答了事关我国哲学社会科学长远发展的一系列根本性问题，为做好哲学社会科学工作指明了前进方向，提供了根本遵循。党的二十大报告强调，要深入实施马克思主义理论研究和建设工程，加快构建中国特色哲学社会科学学科体系、学术体系、话语体系，培育壮大哲学社会科学人才队伍。党的二十届三中全会提出，要创新马克思主义理论研究和建设工程，实施哲学社会科学创新工程，在进一步全面深化改革进程中构建中国哲学社会科学自主知识体系，进一步明确了哲学社会科学工作在新时代的历史使命和光荣任务。

　　2024 年，在宜昌市委、市政府的坚强领导下，全市社科界坚持以习近平新时代中国特色社会主义思想为指导，聚焦湖北省委、省政府赋予宜昌市"建设长江大保护典范城市、打造世界级宜昌"的历史使命，围绕全市深入实施"双碳引领、枢纽赋能、强产兴城"战略，瞄准宜昌加快建设三峡（坝区）统筹发展和安全综合试验区，努力在推进中国式现代化湖北实践中走在前、作示范等重大理论和现实问题，高水平开展战略性、前瞻性、针对性研究，推出了一系列有价值的研究成果。其中部分成果得到市委、市政府领导的批示肯定，部分成果被相关职能部门采纳并转化为工作举措，部分成果在重要期刊发表，为宜昌经济社会高质量发展贡献了社科力量。

在全市上下全面落实党的二十大和二十届二中、三中全会精神，深入贯彻习近平总书记考察湖北重要讲话精神之际，宜昌市社科联从 2024 年度全市社科研究成果中选编集成《宜昌智库 2024》一书出版发行，这是加强宜昌社科智库建设的一项有效举措，必将进一步激发全市广大哲学社会科学工作者的聪明才智和创新热情。下一步，我们将与全市广大哲学社会科学工作者一道，围绕中心、服务大局，承前启后、开拓创新，推出更多高质量研究成果，不断开创宜昌市哲学社会科学繁荣发展新局面，为加快建设长江大保护典范城市、打造世界级宜昌，努力在推进中国式现代化湖北实践中走在前、作示范作出更大贡献！

宜昌市社会科学界联合会

2024 年 12 月

CONTENTS

目　录

构建高质量发展动力循环机制

加快构建现代化产业体系

目 录

建立健全推动绿色低碳发展制度体系

统筹推进经济发展和社会建设

宜昌市社会科学界联合会

YICHANG ASSOCIATION OF SOCIAL SCIENCE SOCIETIES

构建高质量发展动力循环机制

从三次"三中全会"看宜昌的大城崛起

宜昌市发展研究中心课题组

"峡尽天开朝日出，山平水阔大城浮。"从 1876 年宜昌开埠以来，历经 1 个半世纪的沧桑岁月，宜昌市在新中国成立后进入了发展的快车道，特别是受益于国家重大工程建设的政策机遇和改革开放的市场机遇，宜昌在内陆城市中一枝独秀、脱颖而出，从名不见经传的峡江小城一跃成为全国 50 强城市，创造了内陆城市发展的奇迹，走出了一条不同于沿海城市的现代化发展道路。当前正站在长江经济带高质量发展的时代风口，加快向世界级宜昌演进。

一、宜昌市大城崛起的主要历程与展望

（一）大城崛起伴随着国家重大工程建设机遇

在新中国成立初期，宜昌只是一个默默无闻的峡江小城，地区生产总值 1.51 亿元。其后，一批国家重大工程建设项目先后落地，对宜昌发展起到极大推动作用，助力大城平地崛起。

1. 以葛洲坝工程为代表的三线建设

宜昌从峡江小城发展为中等城市。葛洲坝工程是万里长江建设的第一座大坝，总投资 48.48 亿元，10 万余人参与建设，是我国水电建设史上的里程碑。1970 年破土兴建，历时 18 年全部竣工，电站装机 21 台、总容量 271.5 万千瓦，装机总容量、年发电量均居当时全国之首。同时，葛洲坝工程建设前后，30 多个三线建设项目落户宜昌，开启了宜昌工业化进程。

宜昌抓住葛洲坝工程等重大建设机遇，拉大了城市"骨架"，到 1988 年工程完工时，城区面积达到 28 平方千米，完成地区生产总值 52.5 亿元，由一座峡江小城发展成中等城市。

2. 三峡工程建设

宜昌从中等城市发展为现代化大城市。1994 年底正式开工，2003 年开始蓄

水发电，2009 年全部完工，三峡工程安装 32 台单机容量为 700MW 的大型水电机组，是世界上最大的水利枢纽工程，也是治理和开发长江的关键性骨干工程。

三峡工程建设期间，宜昌 GDP 总量增长近 10 倍，城市人口增加到 130 多万，建成区面积达到 70 多平方千米，由一个中等工业城市发展为以水电为中心，以原材料工业和轻工业为骨干，以旅游业为龙头的较大城市。

3. 三峡水运新通道建设

建设世界级宜昌新机遇。三峡水运新通道是习近平总书记亲自关心、亲自部署、亲自推动的重大战略性工程，是解决三峡船闸"肠梗阻"的重大举措，将有利于充分发挥长江黄金水道的巨大作用，进一步畅通国内国际双循环，对推动长江经济带高质量发展、构建新发展格局具有重大意义。

三峡水运新通道将对宜昌交通格局、城市功能、产业发展等产生重大影响，助力宜昌再次进入全球全国视野，极大提升城市战略地位和辐射带动力。

（二）大城崛起的发展逻辑在于三次"三中全会"的改革开放

客观上看，宜昌大城崛起得益于葛洲坝工程、三峡工程等重大工程建设机遇，但深入分析其发展逻辑，三次工程建设时期不但与重要的三次"三中全会"高度吻合，而且与市场化的改革开放同频共振，从而在深层次推动了宜昌城市和经济的跨越式发展。

1. 党的十一届三中全会

开启了计划经济改革发展进程。1978 年 12 月，党的十一届三中全会召开，做出将全党工作的重点转移到社会主义现代化建设上来的战略决策。宜昌积极探索经济体制改革，一些工业企业如化肥厂、编织厂、钢球厂等应运而生。正在建设中的葛洲坝工程传来捷报，第一期工程 1981 年完工发电，不仅为宜昌城市和工农业生产提供了强大动力，而且电力供应华中、华东地区，提升了防洪能力。"要看现代化，就去葛洲坝"，宜昌第一次因工程建设走上现代化发展舞台。

2. 党的十四届三中全会

建立社会主义市场经济体制。1993 年 11 月，党的十四届三中全会召开，确定社会主义市场经济体制的基本框架。1994 年 8 月，宜昌被国务院批准为沿江开放城市，相继设立口岸办公室、宜昌海关，建成三峡机场、公共保税仓库、宜昌港二类水运口岸，建立江海联运码头，开通铁路国际联运专线等。同时，加快国有企业改革步伐，推动多种所有制经济共同发展，三宁化工改制，稻花香实现集团化经营，兴发集团等一批企业成立，宜昌经济实力逐步增强。同期，三峡工程开工建设，党和国家领导人、国外友人纷至沓来，朱镕基总理首次提出宜昌要建设成为世界级城市。伴随着三峡工程建设，宜昌影响走向海内外，大踏步向现代化迈进。

3. 党的二十届三中全会

构建高水平社会主义市场经济体制。2024 年 7 月，党的二十届三中全会召开，研究了进一步全面深化改革、推进中国式现代化问题，明确到 2035 年，全面建成高水平社会主义市场经济体制。当前，三峡水运新通道正在抓紧开展前期工作，按工程计划安排，预计近期将开工建设，到 2035 年前后可以建成投入使用，时间上与全面建成高水平社会主义市场经济体制基本一致。宜昌迎来了又一次历史发展机遇，作为长江经济带关键节点城市，战略地位特殊，区位优势明显，必将在推进中国式现代化、服务国家重大战略中展现更大作为。

（三）三次工程建设机遇与改革开放的协同效应

宜昌大城崛起、跨越发展之路，是国家重大工程建设和现代化发展时与势协同叠加的结果，是有为政府与有效市场协调发挥作用的结晶，也是国家富强、民族复兴的时代缩影。

1. 国家重大工程建设为现代化发展注入了强大动力

兴建三峡工程，是中华民族的百年梦想。20 世纪初，孙中山先生在《建国方略》中就提出在长江三峡河段修建闸坝的设想。新中国成立后，经过几代人的艰辛探索与努力，历时 18 年建设葛洲坝工程，历时 15 年建设三峡工程，即将用 10 年左右时间建设三峡水运新通道，这些重大工程综合效益显著。三峡工程抵御百年一遇的防洪能力，千亿度电的年发电能力，万吨级船舶的通航能力，在我国现代化发展的关键时期提供了稳定高效的清洁能源，保障了长江安澜和长江经济带高质量发展，畅通了宜昌与国内外经济发展的联系，加快了市场化发展进程。

2. 宜昌城市影响力和辐射带动力迅速扩张

三峡工程是唯一经全国人大表决通过的重大工程建设项目，是中国有史以来建设最大型的工程项目，受到历任党和国家领导人高度重视。毛泽东、邓小平、江泽民、李鹏、朱镕基等先后亲临坝址视察，让宜昌被国人关注、世界知晓，从而汇聚各方面的资源加快了宜昌发展进程。毛泽东主席曾写下"更立西江石壁，截断巫山云雨，高峡出平湖，神女应无恙，当惊世界殊"的壮丽诗篇。江泽民同志先后两次为三峡工程题词。2018年4月24日，习近平总书记在视察三峡工程时指出："三峡工程的成功建成和运转，使多少代中国人开发和利用三峡资源的梦想变为现实，成为改革开放以来我国发展的重要标志。这是我国社会主义制度能够集中力量办大事优越性的典范，是中国人民富于智慧和创造性的典范，是中华民族日益走向繁荣强盛的典范。"

3. 开创了"水利四化"的宜昌发展模式

从上古时期的"大禹治水"到现代以三峡工程为代表的大型水利工程，数千年来，中华治水文明延续了水利安全、水利农业、水利交通、水利工业的发展脉络。三峡工程建设，统筹开展百万移民搬迁安置、城镇迁建和库区城镇化，建成后提供了更为可靠的水资源和强大的清洁能源，改善了交通运输条件，推动了农业现代化和新型工业化发展进程。当前，宜昌市正利用丰富的绿电资源，大力推进"以电育算，以算育数，以数育产"的数字经济发展。三峡工程所在的宜昌市通过大坝、库区和城市一体化发展，实现了水利工程建设和四化同步发展协调统一，为流域后发地区现代化建设探索了发展路径，也是我国交通强国、农业强国、制造强国、数字中国、美丽中国的集中展示区，贡献了"水利四化"的新发展模式，将中华治水文明推向新的时代高度。

二、三峡水运新通道对建设高水平市场经济体制具有重要作用

（一）古代运河推动了国家大一统和经济繁荣

大江大河是城市形成和发展的依托，也是推动区域市场统一和扩大的地理条件。英国地理学家、地缘政治学家詹姆斯·费尔格里夫说过，"中国是一个独特的江河之乡，这不仅意味着它的土地上有众多的河流，而且意味着其历史受到了这种支配事实的巨大影响"。可以说，中国历史就是生长于北方大河畔，向南方大江边拓展，通过人工运河连接南北、打造统一体，进而向大海进发的发展进程。

1. 大运河促进了内外贸易和经济发展

从先秦时期开始，中国古代劳动人民开凿了大量运河，其分布地区几乎遍及大半个中国，这些人工运河与天然河流连接起来可以由河道通达中国的大部分地

区。大运河包括京杭大运河、浙东大运河和隋唐大运河三个部分，全长3200千米，地跨北京、天津、河北、山东、河南、安徽、江苏、浙江8个省（直辖市），35座城市，是中国古代南北交通的大动脉。隋唐大运河以洛阳为中心，史无前例地串联起海河、黄河、淮河、长江、钱塘江五大水系，实现南北各地货物便捷流通。京杭大运河与长江一道，使18世纪的中国成为一个比欧洲面积还大的半自由贸易区，被誉为中国经济的"龙脉"。大运河还直接沟通了陆上丝绸之路和海上丝绸之路，内部和外部循环流动，成为国内外贸易的重要枢纽。

2. 大运河以政治进取的姿态推进国家大一统格局

春秋吴国开凿了胥溪、邗沟、黄沟三条运河，邗沟的开凿被视为中国大运河的开端，吴王夫差利用邗沟运兵运粮，北上伐齐，打败齐国参与诸侯争霸。秦始皇在湘桂之间开凿灵渠、郑国渠等。汉朝开凿了槽渠，兴建了鉴湖。东汉曹操先后开凿了白沟、平虏渠、泉州渠、新河和槽渠等，完成了贯通河北平原的运河网工程。秦汉时期，大量的漕运粮食从东南、东北运至当时的王朝中心咸阳与长安、洛阳等地，客观上提升了民族凝聚力。隋唐成形的隋唐大运河贯通南北，实现了中国历史上第一次真正的融会贯通和大一统。元朝忽必烈开凿京杭大运河，至明清时期，京杭大运河作为南北互济、总揽全国的运输系统，有效维持国计民生、维护长治久安。大运河流经长江与黄河这两个中华文明发祥地，连接了夏文化、商文化、楚文化等中国历史上重要的文化区域，从时空上进一步推动了文化融合和大一统格局。

3. 大运河成就了新的经济中心和经济重镇

随着运河的开通和运输条件的不断改善，以及它所带来的大量商品和贸易机会，促成了运河沿岸市场网络的形成，极大促进了运河沿线城镇的繁荣，一批新兴城市加快崛起。隋唐大运河的兴旺，处于其中心位置的洛阳在当时成为商贾云集、物资集散的大都市。北宋定都开封，大量南方物资的到来，促成了北宋开封的繁华。明、清两代均建都北京，对元朝大运河进行扩建，运河沿线的城市也因漕运而繁荣，北方的天津、德州、沧州、临清等城市迅速发展起来，东南地区的淮安、扬州、苏州、杭州也成为繁华都市，并称运河沿线"四大都市""东南四都"。

（二）新时代的运河修建将加快形成全国统一大市场

当前全国部分地区尤其是中部地区掀起运河修建热潮，是中部地区加快崛起的标志性事件。湖南湘桂运河、江西浙赣粤运河、湖北荆汉运河、安徽江淮运河、广西平陆运河、河南47个内河水运项目，从南到北连接起珠江与长江两大水系，这些运河项目不仅有利于构建内河水运网络、完善综合立体交通体系，同时将加快珠三角、长三角与内陆腹地的协调发展，关系区域经济版图重塑和国家战略布局优化。

1. 加快内河航运补短板

水运优势突出，货运周转量是公路运输的1.8倍、铁路运输的3.6倍，但成本仅为铁路运输的一半、公路运输的五分之一，且低能耗、低污染，符合经济社会和物流行业发展趋势。但我国主要支流流向都是自西向东，许多资源却呈南北分布，各流域相对独立，内陆水运欠发达，导致很多货物只能通过沿海运输。三面沿海的美国，内河货运量是沿海货运量的3.4倍，而我国内河货运量不到沿海的2倍，内河航运在全国物流体系中的作用并未得到充分挖掘。通过运河项目联通内河水运体系，有助于打破区域内河梗阻，改善运输条件，提升航运能力和效率，降低物流成本。比如荆汉运河"截弯取直"，预计可缩短航程260千米，减少运输时间约14小时，每年可降低物流成本300亿元。

2. 赋能全国统一大市场

内河航运连通生产、分配、流通、消费各环节，对于建设全国统一大市场具有特殊重要作用。我国已建成全球最大规模的高速铁路网、高速公路网，但水运体系尚未成网，存在不少"堵点""卡点"。六大省份运河开通后，北部湾、粤港澳、长江经济带、成渝等都将通过内河航运网络实现联通，地区间经济合作和贸易往来将进一步加强，有助于商品要素资源在更大范围内循环流转。比如湘桂运河建成后，将沟通当前中国货运规模最大的长江、珠江两大水系，实现全国36个内河主要港口中的34个互联互通，向南与平陆运河联通后，将缩短长江中上游地区货物至北部湾水运里程约1200千米。

3. 加快融入新发展格局

中部地区位于中国之"中"，承东启西，连南接北，国家重大骨干交通基础设施大多贯穿中部，是国家重要的综合交通运输枢纽，也是全国统一大市场的重要组成部分和空间枢纽。从国内大循环来看，中部地区拥有3.6亿的常住人口，本身就是一个巨大的消费市场，同时还是连接东部沿海地区发达市场和西部地区广阔潜在市场的重要枢纽。从国际大循环来看，中部地区是陆海内外联动、东西双向互济开放格局的战略枢纽。随着内河航运建设不断深入，"中部沿海化"将成趋势，成为水运依赖度较高的产业和企业转移承接地，进一步形成深入链接、优势互补、协同发展的区域经济布局，在更好融入和服务以国内大循环为主体、国内国际双循环相互促进的新发展格局中发挥更大作用。

（三）三峡水运新通道是建设全国统一大市场的骨干工程

全国统一大市场是高水平社会主义市场经济体制的重要组成和内在要求，长江航运作为全国内河航运体系的核心，是畅通国内国际双循环、建立全国统一大市场的重要支撑。三峡水运新通道是解决长江航运的"卡脖子"工程，对于长江经济带东西贯通、充分发挥好辐射带动作用、加快形成统一大市场意义重大。

1. 突破长江航运瓶颈

三峡工程、葛洲坝工程均具有改善航道的效益，但随着长江经济带快速发展带来过闸运输量的快速增加，三峡船闸提前19年达到设计通航标准。连续多年超负荷运行、过坝运输拥堵、船舶待闸时间长，限制了三峡—葛洲坝工程航运效益的增值空间。三峡通，则长江畅。三峡水运新通道将有效解决三峡船闸"卡脖子"问题，进一步释放过坝通道活力，提升长江航道通行效率，是三峡—葛洲坝工程的效益拓展工程。

2. 推进区域协同融通

三峡水运新通道关乎中部地区崛起，也将深刻影响西南腹地，对于成渝地区和长江中游城市群协同发展意义重大。将有助于打造支撑国内国际双循环联运通道网络，密切通道经济联系，沿线城市"通江达海"，既参与国内市场分工协作，还拓展与国际市场经贸联系。新通道建成后，叠加三峡综合运输体系，货运能力将翻一番，达到3亿吨以上，将支撑受益地区经济总量成倍增长，更大的经济规模、更足的经济活力有助于催生一批新的经济中心，宜昌将是三峡水运新通道建设受益最大的城市，有利于加快发展枢纽经济，打造成链接重庆和武汉的重要枢纽、联通长江中上游协同发展的重要增长极。

3. 推动形成长江增长带

长江经济带已发展成为我国综合实力最强、战略支撑作用最大的区域，也是我国经济活力最强、人口流动最为活跃、经济增长潜力最大的地区。中央明确要求充分发挥长江经济带横跨东中西三大板块的区位优势，充分利用黄金水道航运能力，构筑综合立体交通走廊，带动中上游腹地发展，引导产业由东向西梯度转移，形成新的区域增长极。建设三峡水运新通道，不仅直接推动交通运输业繁荣，通过产业链效应带动船舶制造业、港口经济等相关产业快速发展，还有利于提高产业组织和要素配置能力，加快经济要素跨区域顺畅流动和高效配置，构建通道沿线产业布局与分工合作体系，为新质生产力发展提供动力和活力，同时也将依托沿江向内陆腹地充分拓展发展空间，推动形成具有全球影响力的长江增长带。

三、宜昌市加快大城崛起的措施建议

（一）融入以长江黄金水道为依托的交通大格局

立足三峡区位，以水运为核心，织密交通网络，加快建设以长江黄金水道为核心的集疏运体系，推进"铁水公空"等运输方式互联互通，完善全方位对外大通道，建设高能级综合立体交通体系，实现快速高质畅连海内外。

1. 建设干支衔接、内联外通的骨干航道网络

依托三峡水运新通道和葛洲坝航运扩能工程，全面优化提升港口功能，推动港航贸一体化发展。全力服务保障荆汉运河建设，加快推进长江武汉至宜昌段4.5米水深航道整治工程，提升通航能力。大力发展坝上水水中转、公水滚装运输等，强化与成渝枢纽港联动发展。提高宜昌水域内河航道等级和过船设施通过能力，构建以长江为主骨架，清江、香溪河为主要支脉的水运网络。

2. 完善覆盖全域、通达全国的对外通道格局

加快推进沿江高铁武汉至宜昌段、宜昌至涪陵段、宜昌至郑万高铁联络线、呼南高铁宜昌至常德段建设，谋划宜昌至十堰高铁，全面融入国家"八纵八横"高铁网，开启宜昌"高铁时代"。争取沪汉蓉铁路回归货运功能，提升焦柳铁路货运服务能力，构建"十"字货运铁路枢纽。加快推进宜来高速、十宜高速、襄宜高速等一批重点高速公路，推动沪渝高速公路改扩建，打造"环形放射式"高速网。加快建设三峡国际机场货站，谋划机场三期改扩建和航空物流园项目，开通定期国际（地区）航线，积极推动与鄂州花湖机场联动发展，打造区域性旅游、货运航空中心。

3. 构建安全便捷、经济高效的翻坝转运体系

借助三峡水运新通道建设机遇，加快构建以"两路两港两铁一管"为核心的

三峡翻坝转运体系，有效缓解新通道建设期加重的三峡枢纽"肠梗阻"问题。加快白洋、茅坪、江南油品管道翻坝等码头建设，打造翻坝转运港。推进江南翻坝铁路、白洋疏港铁路等项目与港口码头互联互通，实现长江干线主要港区水铁联运体系配套，打造多式联运港。加快姚家港、枝城等作业区重点码头建设，打造工业输出港。

（二）抢抓长江时代机遇打造双循环的重要节点

利用国家推动长江经济带高质量发展、建设三峡水运新通道带来的枢纽机遇，发挥宜昌港口型国家物流枢纽辐射广、成本低、效率高等优势条件，全力打造新发展格局重要战略节点和国内国际产业链供应链组织中心。

1. 健全物流枢纽基础功能

推进物流枢纽铁路专用线、转运场站、公路联络线等配套设施建设，构建干线支线物流和仓储配送规模化组织、一体化运行的物流集散网络。畅通港站集疏运和中转运输，拓展仓储、加工、分拨等功能，实现"规模集结＋快速传递＋创新增值"。以宜昌东站和宜昌北站为重点，建立健全高铁货运综合业务功能。布局建设大宗商品储运设施，加强"新三样"出口产品仓储设施建设。发挥港口优势，促进港口枢纽与后方园区的现代化工新材料、食品饮料、绿色船舶制造、农产品加工等产业融合发展，打造"产业园区—物流园区—核心港口"联动发展范式。

2. 提升通道物流发展规模

培育多式联运经营主体和网络化运营模式，加快发展集装箱公铁、铁水联运，打造品牌化的多式联运产品。创新发展"高铁＋航空"快运，推动宜昌北站与三峡国际机场货运联动。开行经东南沿海辐射全球的"宜字头"江海、铁海通道线路，打造"扇"形国际物流通道网络。积极融入中欧（亚）班列国际大通道、西部陆海新通道，系统整合提升自贸区、综保区等开放平台功能，全面融入国家对外开放战略。加快现代流通战略支点城市建设，依托焦柳铁路、紫云铁路、田家河专用线、当远铁路等，打造煤炭、磷矿石、钢材、重要农产品等大宗原材料集散交易中心。

3. 构建现代供应链体系

建立互联互通的物流、资金流、信息流通道，加快提升数字基础设施水平，搭建算力供应链平台，融入国家"东数西算"工程，加强数据、算力和能源之间协同联动。推进国际贸易数字化平台建设，加快贸易全链条数字化转型。以"用"为导向建强宜昌科创供应链平台，优化创新组织模式。推动新材料、新能源等制造业供应链融合创新，优化物流流程，共建设施设备，对接信息系统。建立健全磷化工等供应链组织平台，构建工业服务保障体系，更好汇聚生产服务要素，提高物流供需匹配度。

（三）统筹区域发展融入全国统一大市场建设

1. 推动要素跨区域优化配置

加快建设三峡（坝区）统筹发展和安全综合试验区，探索三峡坝区与三峡库区、三峡工程影响区统筹发展机制，推动三峡库区超载区人口转移、产业迁移、重心下移，有效保障库区移民安稳致富。推动三峡库区与宜昌东部产业新区合作发展飞地经济，积极承接对口支援省（市）资金、技术、产业转移，探索财税共分机制。完善宜荆荆都市圈协调发展机制，强化产业协同，探索产业链供应链都市圈对接整合，形成城市间科学高效的协作分工体系。

2. 打造市场高效规范运行示范

全面落实好《公平竞争审查条例》，按照建成全国统一大市场的目标导向，充分发挥宜昌新兴城市的开放包容特质和地处长江中上游结合部的区位优势，结合三峡水运的聚集效应，打通制约经济循环的堵点卡点，促进商品、要素、资源在更大范围内畅通流动，持续推动市场高效畅通和规模拓展，加快营造稳定公平透明可预期的营商环境，进一步降低市场交易成本，更好激发各类市场主体的活力和创造力。优先推进区域协作，依托战略腹地，推动建立健全统一的土地和劳动力市场、资本市场、技术和数据市场、能源市场、生态环境市场。规范招商引资政策体系，探索全要素招商模式，打造地域特色招商引资品牌。

3. 发展高水平枢纽经济

抢抓"交通枢纽＋互联网"的产业变革机遇，依托交通枢纽，加快形成以科技枢纽、算力枢纽、文化枢纽等为典型代表的一批枢纽设施、枢纽平台或者枢纽区域，谋划布局相适宜的产业发展要素和配套公共服务，加快打造具有明显指向性特征的产业功能区、示范区和试验区，拓展多元化枢纽经济承载空间，增强其对资源要素的汇聚集聚和吸附承载能力。统筹做好枢纽周边地区更新改造和规划建设，以枢纽设施为核心完善圈层生产生活空间布局，打造水港、陆港、临空等产业融合创新片区，探索枢纽与产业、城市综合开发联动范式，更好实现产城人融合，全方位提升枢纽经济开放合作水平和韧性发展能力。

（课题组成员：彭志春、冯程、陈璐、向经文）

改革开放是宜昌成长为长江中上游重要节点城市的进程中，最显著的特征、最壮丽的气象。文章从三次"三中全会"的方向导引和政策支撑、国家重大工程建设机遇等方面总结了宜昌大城崛起、跨越发展之路，并系统深入地分析了三峡水运新通道对建设高水平市场经济体制的重要作用，从加快建设高能级综合立体交通体系、全力发展枢纽经济、深化经济体制改革等方面提出加快大城崛起的措施建议，为宜昌抢抓机遇、推动城市跨越式发展提供了参考。

国家重大战略加持下
宜昌经济发展新路径研究

张霜霜　任小军　汪忠胜　张文祎　卢晶月

党的十八大以来，以习近平同志为核心的党中央高瞻远瞩、审时度势提出一系列区域重大战略。宜昌作为一个地级城市，如何抢抓机遇，主动把宜昌发展融入国家发展大局，探索出经济发展新路径，是宜昌市面临的重大课题。

一、国家战略近在咫尺

（一）国家战略的地方机遇

1. 构建双循环新发展格局

党的十九届五中全会提出，要加快构建以国内大循环为主体、国内国际双循环相互促进的新发展格局。在此背景下，那些居于中国中部，有良好枢纽优势，可以在国家要素供给和衔接两个循环中起到关键作用的地区，将获得重大机遇。居于中国中部拥有特殊区位的宜昌，是当然的候选者。

2. 长江经济带战略

长江作为全球第一航运大河，把沿线各省经济紧密联系在一起。而由于三峡船闸通行能力不足，这条独一无二的运输通道出现梗阻，让宜昌在整个经济带中成为天然的关键点。

3. 成渝双城经济圈战略

党的二十届三中全会提出，完善实施区域协调发展战略机制，推动成渝地区双城经济圈建设走深走实。以重庆为代表的西部地区，正在大力建设两个循环的战略链接，迫切需要中东部地区积极对接西部陆海新通道，宜昌必定在西部大开发战略中成为桥头堡。

（二）地方战略的国家担当

1. 枢纽赋能战略的重大意义

市委七届五次全会提出"双碳引领、枢纽赋能、强产兴城"三大战略，七届七次全会提出"牢牢把握长江大保护典范城市建设'四个功能定位'，加快建设国家新安全格局保障区、三峡文化遗产与自然遗产融合发展区、长江经济带重要枢纽、国家清洁能源和战略性新兴产业基地"，从根本上明确了宜昌枢纽的性质和基础作用。

2. 全面深化改革的迫切要求

党的二十届三中全会审议通过了《中共中央关于进一步全面深化改革、推进中国式现代化的决定》，《决定》共提出 300 多项重要改革举措："构建全国统一大市场""完善产业在国内梯度有序转移的协作机制""建设国家战略腹地和关键产业备份""建设大宗商品交易中心，建设全球集散分拨中心"……宜昌发展战略正是响应国家改革的具体举措。

3. 翻坝运输体系的当务之急

与长江沿线其他城市不同，三峡水运新通道对于宜昌是机遇，也存在挑战。过去因三峡船闸拥堵，宜昌市被确定为国家物流枢纽，新通道项目建成后，宜昌存在着失去"因拥堵而成为物流枢纽"的风险。宜昌当务之急是从不同标准航道转换，在宜形成要素供给节点，为双循环新格局提供战略支撑出发，形成新发展逻辑。

二、宜昌枢纽天赋异禀

（一）枢纽概念分类

目前国内学界对枢纽分类没有具体研究成果，有的把枢纽简单等同于交通枢纽。本文将枢纽细分为三类九流：

1. 人流

包括：客流，即因求学、工作而产生的人员流动，如排名全球航空客运第一位的美国亚特兰大市；游流，即因旅游休闲而产生的人员流动，如著名旅游城市桂林，2019 年游客为 1.38 亿人次，为宜昌市客流量的两倍；商流，即因商业流通而产生的人员流动，如广州在 2023 年第 133 届广交会期间，单日进出场达到 37 万人次。

2. 物流

包括：水流，因修建大型水利设施而形成的水利枢纽，除防洪和灌溉功能外，有些水利枢纽对航运改善作用明显，带动了相关产业聚集，代表性工程是三峡水利枢纽；货流，即传统意义上的物流，代表城市为重庆，该市先后开通中欧班列和西部陆海新通道班列，为成渝地区搭建起畅通全球的国际大通道；贸流，即因贸易而形成的商品流通枢纽，如浙江义乌，通过大型专业市场形成小商品生产、批发流通枢纽，2022 年开行中欧班列 1569 列。

3. 虚拟流

包括：资金流，即因资本集中而形成的金融枢纽，如上海，2022 年上海金融业增加值达 8626 亿元；信息流，即因数字经济而形成的大数据枢纽，如贵阳，成为名声赫赫的"中国数谷"；行政流，即因城市政治中心地位而形成的行政枢纽，如北京和各省会城市，重要行政资源都集中在上述城市，起到行政流的聚集中转作用。

（二）明确三大枢纽建设目标

对比九流各自特点，宜昌市在水流、游流、货流三个方面，资源禀赋优越，可集中力量，优先建设三大枢纽。

1. 水流，以经济向西为特征，建设"咽喉型"水利枢纽

三峡工程是全球最大水利枢纽，其四大作用是防洪、发电、航运和水资源综合利用。除航运外，其他三个虽与宜昌直接关系不明显，但我们可通过放大三峡

图 1　"咽喉型"水利枢纽

水库这一全球最大水资源综合体作用，以长江大保护典范城市为载体，赋予更加具体内容，吸引政府和社会关注。

2. 游流，以纵情山水为特色，建设"山水 T 形"旅游枢纽

随着呼南高铁的建设，宜昌位于南北向以武当山、神农架、武陵源为代表的"山游线"，和东西向以长江三峡为代表的"水游线"T 形交汇点上。利用上述良好区位，培育好重点旅游产品，提高吸引力，并沿上述两条线向外辐射，宜昌可以成为两线转换中的重要旅游枢纽。

3. 货流，以"四中"为特征，建设"轴辐式"物流枢纽

宜昌是湖北省仅有的首批国家物流枢纽。根据现代物流理论，一个区域要提升物流网络效率，应采用"轴辐式"原理，即选取中间城市为轴点，周边城市向轴点汇集，重新分拨配送。在首批 23 个国家物流枢纽中，宜昌正居于这样轴点位置，叠加长江航运三峡船闸关键节点，可以起到重要的轴辐式核心作用，成为"中国中部中等城市中转物流""四中"为特征的物流枢纽。

三、发展路径曲径通幽

（一）以水利枢纽为依托，建设长江经济带产业对接中心，大力发展以制造业为主的二产业

1. 以产业对接为特点

宜昌产业对接面临三大机遇，一是双循环新格局的建立，对处于中部地区的城市，赋予了循环轴心的作用；二是宜昌处于长江关键节点，肩负衔接上下的特殊使命；三是产业发展阶段和国家安全需要，东部地区产业需向中西部转移。按照"完善产业在国内梯度有序转移制度"的改革措施，宜昌可大力发展以制造业为主的二产业。以汽车业为例，长江沿线的长三角、中部地区、成渝地区，是我国汽车制造三大重镇，通过长江运输的商品汽车数量巨大，三大地区完全可以选择在宜昌布局，极大减少原材料和产成品物流费用，降低企业成本。

2. 以经济向西为重点

成渝地区过去受地理所限，主要靠长江航运发展外向型经济，自中欧班列和西部陆海新通道开通以来，迅速成为我国经济发展新增长极。而重庆提出建设国内大循环和国内国际双循环的战略枢纽，也对通过长江向东辐射提出了要求，非常重视宜昌在长江经济带上的战略作用。我们应充分发挥三峡库区深水航道作用，

探索长江上游上自宜宾，下至宜昌，中有泸州、重庆的"渝泸双宜"双循环经济实验区，将宜昌的三峡综合交通运输体系上升为三峡库区的大体系。

3. 以成本洼地为卖点

宜昌正着力构建"12520"现代产业体系，这些产业主要立足于宜昌现有基础。而从制造业特征来看，原材料和产成品进出，必然产生大量物流需求，如果我们通过枢纽建设成为物流成本洼地，则对几乎所有制造业均具有强大吸引力。如重庆依靠物流便利优势和税收政策优惠等吸引了电子信息等先进制造业的集群发展，连续 8 年实现笔记本电脑产销量全球第一。如果宜昌市物流枢纽建设成效明显，其产业集群将不限于既有行业，必将形成新集群。

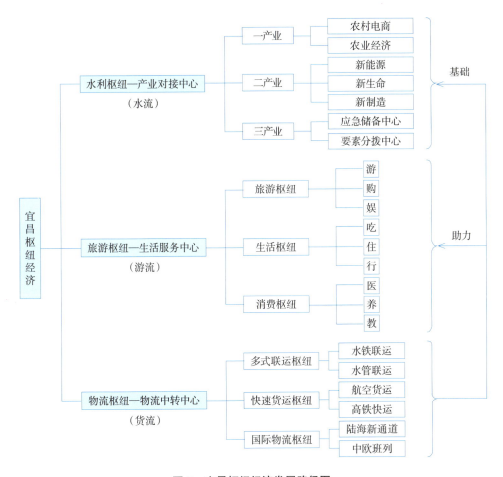

图 2　宜昌枢纽经济发展路径图

（二）以旅游枢纽为依托，建设中部都市区生活服务中心，大力发展三产业中的消费性服务业

1. 视野放大到中部都市区

在"宜荆荆都市圈"战略中，三座城市彼此距离很近，区位趋同，产业相似，在圈内竞争大于合作。虽然有近千万人口，但消费力与超大城市相比，差距巨大。为化竞争为合作，我们须把视野从圈内转向圈外，至周边四个超大城市群，即长江中游城市群、成渝双城经济圈、关中城市群和中原城市群，它们隔宜昌距离在800千米内，人口规模过亿，消费力强劲。如果宜荆荆三城联手打造面向四大城市群的中部都市区生活服务中心，为上亿高消费群体提供全方位服务，在快节奏城市生活外，找到一处放松心灵的场所，其消费规模不可同日而语。

2. 以旅游枢纽建设为引领

一是要有特色鲜明的旅游口号，针对现代社会人们工作压力大的特点，以简洁的"乐活宜昌"为外宣口号，主打"放松、快乐"。二是分三个层级培育宜昌旅游品牌，世界品牌有长江三峡、三峡大坝，中国品牌有清江画廊、三峡大瀑布、屈原故里，宜昌品牌有山野探险（徒步、野马、攀岩、溪降）、休闲度假（避暑、露营、单车、乡游）、主题游乐（网红、电竞、会展、乐园）、冬滑夏漂（滑雪、漂流、龙舟、竞技）。宜昌市要靠世界品牌打出知名度，靠中国品牌延伸旅游深度，最终靠宜昌品牌留住游客。要集中力量，先各打造一两个代表性产品以供急需。同时要高度重视九码头旅游窗口建设，目前宜昌市水上游客中心位于此，是外地游客观察宜昌的主要窗口。而目前万达周边环境较乱，没有供游客消费的特色产品。要围绕万达商城、江海路及周边地区，打造特色花街和酒吧、咖啡、电竞及各类网红点，供途经游客中心的消费者有多项选择。

3. 大力发展消费性服务业

具体强化三大功能：一是观光功能，以"游购娱"为主。"游"，除"两坝一峡""夜游长江"外，宜昌缺乏其他吸引游客的特色旅游产品，应抓紧开发新的项目；"购"，设计好旅游特色纪念品，补齐九码头旅游购物场所；"娱"，宜昌目前缺乏大型演艺、主题公园等好玩场所，应尽快补齐这方面的短板。二是生活功能，以"吃住行"为主。"吃"，宜昌本地特色餐饮开发力度不大，应大力宣传并开发铁路坝小吃街、陶朱路等特色餐饮场所；"住"，宜昌中高档宾馆数量少，居家式、民宿式住宿开发力度不大，应在全域，特别是九码头附近集中

培育一批特色酒店；"行"，宜昌公交通达度不够，服务景点便捷性不足，应统筹增加景区公交站点和频次。三是"消费功能"，以"医养教"为主。"医"，针对大城市看病难，可借鉴美国小城罗切斯特的"梅奥诊所"和海南三亚的博鳌医联体模式，在点军建设医疗综合体；"养"，应重点在点军布局养老项目，方便就近接受城市便捷服务；"教"，以宜昌重点中学为核心，建设高水平教育项目，吸引周边县市和外地学子。要统筹好"吃住行游购娱医养教"九大重点消费方向，为中部都市区提供全方位产品。

（三）以物流枢纽为依托，建设全国和全球物流中转中心，大力发展三产业中的生产性服务业及第一产业

1. 加快建设国家物流枢纽

大力建设"三枢纽一中心"，即多式联运枢纽、快速货运枢纽、国际物流枢纽和现代物流大数据中心。多式联运枢纽，即立足于三峡船闸堵点，以白洋港、茅坪港为依托，开展水铁多式联运；两坝间，开展水公水、水铁水、水水多种形式的应急翻坝多式联运，构成宜昌丰富的多式联运产品。快速货运枢纽，以三峡国际机场为依托，呼吁湖北省以武汉天河机场和襄阳刘集机场互为客运备份，鄂州花湖机场和宜昌三峡机场互为货运备份，实行湖北航空运输"双枢纽+"战略，市内加强高铁北站高铁快运配套设施建设，实施空高联运。国际物流枢纽，以焦化煤气国际路港项目为依托，以融入西部陆海新通道为助力，全面打通至宁波、厦门、广州、钦州扇形对外开放物流通道，形成对接中南半岛的中部最佳节点。以物流行业海量大数据为依托，建设现代物流大数据中心。

2. 补齐宜昌快递中心功能

充分认识快递业对产业重大促进作用。目前京东、顺丰、邮政重点面向高端商务件，讲究投递时效，宜昌与荆州一样接受武汉快递中心分拨；面向低端电商件的"通达系"快递，全部位于荆州和荆门，原因是我国电商快递重镇主要位于华东及华南，两地在快递网络布局中有成本优势。宜昌市应大力发展电商产业，当快递件量达到足够规模后，"通达系"快递公司承诺在宜昌市直接建设快递分拨中心。目前已在猇亭开建了快递中心项目，建议同时加力布局电商产业。

3. 全面发展农村特色经济

物流枢纽除对二三产业有重大促进作用外，第一产业也不例外。如重庆秀山县近十年来始终如一建设快递枢纽，降低了物流成本，有高效快递物流体系作支

撑，该县积极发展一村一品，极大促进了农民增收；当阳市通过电商促销鱼腥草产业，年单品产值过10亿元。对宜昌广大农村地区来说，依靠高效物流枢纽体系，通过电商渠道发展经济，能够有效助力乡村振兴。而目前只有秭归和当阳两个县城快递寄出件多于购入件，反映宜昌市对依靠电商物流体系发展农村经济认识还有很大差距。建议采取有力措施，推动县、乡、村三级物流体系建设，打通农产品进城和消费品下乡通道，畅通城乡经济循环。

本文系宜昌市2024年度社科重点课题《国家重大战略加持下宜昌经济发展新路径研究》（ysk24zdkt002）的研究成果。

（课题组成员单位：宜昌市政协）

党的十八大以来，以习近平同志为核心的党中央高瞻远瞩、审时度势地提出了一系列国家重大区域发展战略。在全面深化改革背景下，宜昌如何抓住这些重大战略机遇，成为我们的当务之急。本文从理论源头出发，进一步拓展国内学界对枢纽的定位，形成新的枢纽理论成果；从资源匹配出发，找出最适合宜昌市发展的枢纽类型，形成新的实践成果；从系统思维出发，打破枢纽主要助力工业经济的思维模式，找出宜昌市发展重点方向，为国家战略加持下宜昌发展提供方法论。

宜昌区域长江大保护绿色发展
税费指数分析报告

宜昌市税务局

一、整体情况

2022年9月，宜昌市委、市政府出台《关于建设长江大保护典范城市的意见》，提出要努力建设"山水辉映、蓝绿交织、人城相融"的长江大保护典范城市。宜昌市税务局围绕需要一把尺子衡量绿色发展成效这一目标，充分发挥税收大数据"全、真、深"的特点，联合中国地质大学（武汉）研究制定长江大保护绿色发展税费指数。指数突出税收在国家治理中的重要作用，构建以"绿色生产、绿色生活、绿色生态、绿色税收"为主体的"3+1"维度，运用国家综合发展指数（CDI）的统计方法和大数据模型将税收数据换算成综合指数，通过指数分值评价区域绿色发展的成效与不足。

长江大保护绿色发展税费指数旨在测算"十四五"期间，区域绿色发展成效及发展趋势，为产业升级、绿色转型提供决策参考。当前的结果是以2021年至2023年宜昌区域数据为样本，后续将逐年补充完善，跟踪记录全市各区域的发展轨迹和突出成果。经过测算，现得到以下结果：2021年全市综合得分平均值为80.99分，2022年为81.25分，2023年为81.49分。通过指数综合均值来看："十四五"期间全市绿色发展趋势在逐年上升（详见图1）。

通过指数站在全省角度看宜昌，我们可以从三个方面来看：一是从综合排名来看，宜昌综合指数2021年排名第五，2023年上升至第二名，呈稳步上升态势；二是从长江流域经济来看，宜昌在长江流域八市州中排名从第三名上升至第一名（详见表1），仍呈稳步上升态势；三是从都市经济圈来看，在三大都市圈中，宜昌都市圈连续三年综合指数均值稳步增加，显示宜昌绿色发展呈稳步上升态势。综上所述：不论是纵向的自身比较还是横向的区域对比，宜昌绿色发展均表现为稳健上升态势，辐射带动作用得到有效发挥。

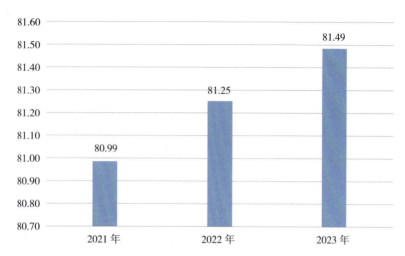

图 1 全市综合得分平均值变化趋势图

表 1　　　　　　　　　　湖北省长江流域八市州指数排名表

地市州	2021 年	2022 年	2023 年
武汉	1	2	2
黄石	7	8	7
宜昌	3	1	1
荆州	6	5	6
黄冈	2	3	3
咸宁	8	7	8
鄂州	4	6	5
恩施	5	4	4

　　按照不同功能区定位，我们将宜昌划分为三大区域进行比较分析，分别是"城区五区"（高新、西陵、伍家、点军、猇亭）、"山区五县"（长阳、远安、五峰、秭归、兴山）和"东四县"（夷陵、宜都、当阳、枝江）。三大区域中，"城区五区"绿色发展相对较好，区域均值由 2021 年 81.04 分上升至 2023 年 81.53 分，居全市前列；"山区五县"紧跟其后，区域均值由 2021 年 81.03 分上升至 2023 年 81.49 分，略低于城区；"东四县"绿色发展处于第三，区域均值由 2021 年 80.87 分上升至 2023 年 81.44 分，有待进一步提升（详见表 2）。

表 2　　　　　　　宜昌各功能区综合得分排名表

区域	县市区	2021 年		2022 年		2023 年	
		分值	排名	分值	排名	分值	排名
城区五区	高新	81.23	2	81.69	1	81.86	1
	西陵	81.18	3	81.49	2	81.62	2
	伍家	81.24	1	81.46	3	81.52	4
	点军	80.85	4	81.17	4	81.56	3
	猇亭	80.70	5	80.88	5	81.06	5
	均值	81.04		81.34		81.53	
东四县	夷陵	81.03	1	81.16	2	81.41	2
	宜都	80.96	2	81.29	1	81.63	1
	当阳	80.82	3	81.09	4	81.39	3
	枝江	80.68	4	81.14	3	81.33	4
	均值	80.87		81.17		81.44	
山区五县	远安	81.06	2	81.25	3	81.40	4
	兴山	80.87	5	81.12	5	81.81	1
	秭归	80.96	4	81.17	4	81.20	5
	长阳	81.23	1	81.25	2	81.50	3
	五峰	81.02	3	81.39	1	81.53	2
	均值	81.03		81.24		81.49	

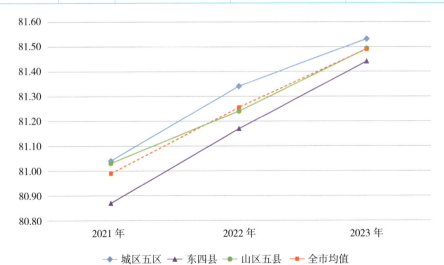

图 2　宜昌各功能区综合得分均值变化趋势图

二、维度分析

长江大保护绿色发展税费指数共有"3+1"个维度、15个一级指标、32个二级指标。其中，正向指标22个，负向指标10个。在综合得分中绿色生产、绿色生活、绿色生态三个维度占比较大（详见表3）。从全省市州三年排名来看，宜昌市绿色生产维度稳居第一，绿色生态、绿色税收维度居中等位次，绿色生活还需持续发力，有进一步提升空间。

表3　　　　　　　　全市各维度平均值统计表

年度	绿色生产	绿色生活	绿色生态	绿色税收
2021 年	22.79	22.66	20.39	15.15
2022 年	22.85	22.75	20.39	15.26
2023 年	22.94	22.83	20.44	15.28

（一）绿色生产

绿色生产维度包含4个一级指标，分别是产业转型、能源优化、低碳交通、创新驱动；以及9个二级指标，分别是现代农林牧渔业增长率、工业战略性新兴产业增长率、现代服务业增长率、清洁能源发电销售收入占比、高耗能制造业煤炭消耗金额增长率、水路运输占比、铁路运输占比、研发费用投入产出比、研发成果转化率。从整体来看，绿色生产维度逐年上升，产业绿色转型正在逐步实现（详见图3）。从一级指标看，产业转型、能源优化在逐渐向好，呈稳步上升状态；低碳交通、创新驱动略有波动，呈基本持平态势，但仍居全省前列，还有进一步提升空间（详见表4）。具体到二级指标，现代农林牧渔业增长率、工业战略性新兴产业增长率、现代服务业增长率等指标实现了逐年增长，尤其现代服务业增长率指标，连续三年稳居全省前三，说明绿色新兴产业正在蓬勃发展；高耗能制造业煤炭消耗在逐渐降低，该指标作为负向指标2023年首次实现负增长，发票数据显示2023年该领域全市购进煤炭总金额同比下降18.64%，说明高耗能制造业的能源消耗有所下降或者是能源结构有所优化，为产业绿色转型奠定了良好基础。

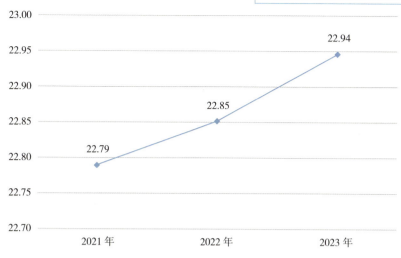

图 3　绿色生产维度全市均值趋势

表 4　　　　　　　　　绿色生产维度和一级指标全市均值统计表

年度	维度均分	产业转型	能源优化	低碳交通	创新驱动
2021 年	22.79	7.5298	5.2065	5.0762	4.9768
2022 年	22.85	7.5927	5.2113	5.0749	4.9722
2023 年	22.94	7.6559	5.2418	5.0705	4.9767

（二）绿色生活

绿色生活维度包含 3 个一级指标，分别是绿色出行、绿色消费、人居环境；以及 9 个二级指标，分别是公共交通使用量增长率、人均汽油消耗量增长率、新能源车购买率、人均一次性物品消费增长率、旅游服务业占比、健身休闲提升度、园林绿化提升度、节能环保建材使用率、人均垃圾处理费增长率。从整体来看，绿色生活维度呈稳步上升趋势，人城相融的美好画面正在逐步绘就（详见图 4）。从一级指标看，绿色出行、人居环境逐年上升，绿色消费略有波动，基本持平，还需进一步引导和调节（详见表 5）。具体到二级指标，公共交通使用量、新能源车购买率等指标得分在逐年增长，其中新能源车购买量 2023 年超过 1.5 万辆，约占所有新购车辆比重的 23%，说明居民出行更加绿色环保。在居住环境方面，园林绿化提升度、健身休闲提升度、人均垃圾处理费等指标得分都在逐年增长，反映居民生活环境和城市环境都在不断改善。在绿色消费方面，旅游服务业发展较好，稳居全省前三名，但全市餐饮住宿行业的人均一次性物品消费量有所增长，可能跟旅游经济复苏、外卖平台的蓬勃发展有一定关系，还需要进一步宣传引导，鼓励人们减少一次性物品耗费。

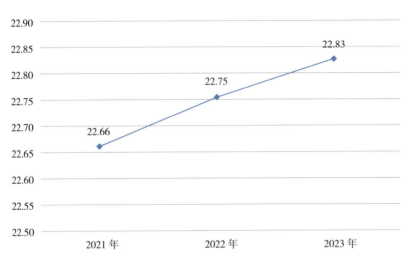

图 4　绿色生活维度全市均值趋势图

表 5　　　　　　　　　绿色生活维度和一级指标全市均值统计表

年度	维度均分	绿色出行	绿色消费	人居环境
2021 年	22.66	7.5747	7.5095	7.5773
2022 年	22.75	7.6174	7.4848	7.6526
2023 年	22.83	7.6376	7.5097	7.6799

（三）绿色生态

　　绿色生态维度包含 5 个一级指标，分别是环境保护、空气净化、水体保护、土壤治理、噪声控制；以及 8 个二级指标，分别是环保设备和材料投入增长率、生态保护和环境治理业增长率、大气污染物排放量同比增长率、大气低标污染排放户数增长率、水污染物排放量同比增长率、水低标污染排放户数同比增长率、单位农产品化肥农药消耗量增长率、工业噪声污染同比增长率。从整体来看，绿色生态维度呈先稳后升态势，生态环境治理取得一定进展（详见图 5）。从一级指标看，环境保护逐年小幅上升，空气净化 2023 年有明显提升，土壤治理、噪声控制是略有波动、基本持平，水体保护略有下降仍需后期持续改进（详见表 6）。具体到二级指标，环保设备和材料投入在逐年增长，2023 年全市投入达到 14.39 亿元，同比增长 17%，反映企业环保投入力度在不断加强，环保要求也越来越高。

在农产品培育和生产方面，化肥农药的消耗量也在不断降低，发票数据和申报信息显示 2023 年单位农产品化肥农药消耗量同比下降 14.34%，这不仅反映农产品"含绿量"的提高，农产品更加绿色健康，更是从侧面反映出农业生产技术的提升、对化肥农药的依赖度下降，对水体、土壤等自然环境的影响在不断降低。

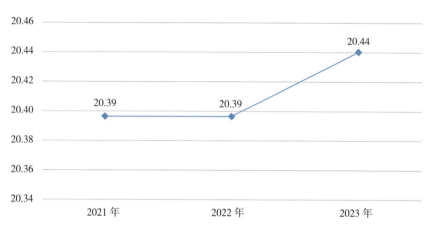

图 5　绿色生态维度全市均值趋势图

表 6　　　　　　　　绿色生态维度和一级指标全市均值统计表

年度	维度均分	环境保护	空气净化	水体保护	土壤治理	噪声控制
2021 年	20.39	4.9941	5.1186	5.1314	2.5734	2.5724
2022 年	20.39	5.0234	5.1151	5.1271	2.5636	2.5632
2023 年	20.44	5.0270	5.1409	5.1190	2.5745	2.5743

（四）绿色税收

绿色税收维度包含 3 个一级指标，分别是税收优惠、税费调节、税惠促绿；以及 6 个二级指标，分别是减免税享受面、减免税费金额增长率、资源占用、行为引导、支持绿色发展、支持三农发展。从整体来看，绿色税收维度稳中有升，税收调控作用得到有效发挥（详见图 6）。从一级指标看，税收优惠逐年上升，税费调节先升后降略有波动，税惠促绿基本持平（详见表 7）。具体到二级指标，减免税享受面和减免税费总金额在逐年增长，2023 年全市申报减免税总金额达到 153.31 亿元，享受户数达到 267965 户，减免税享受面连续三年位居全省前三名，说明税收优惠的力度和深度都在加大，惠及面越来越广。从调节作用来看，企业占用耕地、矿产等自然资源将付出补偿代价，如耕地占用税等，资源占用指标得分逐年增长，反映出资源滥用得到遏制，企业在拿地、购买采矿权时会更加审慎，考虑资源效益能否充分发挥，这正是税收对市场行为的引导和调节作用的体现。为支持绿色转型发展，财政部、税务总局制定了一系列税费优惠政策，我们将政策梳理整合，形成支持绿色发展这一指标。从数据来看，该项指标呈逐年上升态势，2023年全市支持绿色发展系列税费政策共减免优惠金额达到4.74亿元，同比增长18%，为产业绿色发展不断增添动力。

表7   绿色税收维度和一级指标全市均值统计表

年度	维度均分	税收优惠	税费调节	税惠促绿
2021年	15.15	5.0649	5.1024	4.9810
2022年	15.26	5.1191	5.1485	4.9888
2023年	15.28	5.1522	5.1391	4.9884

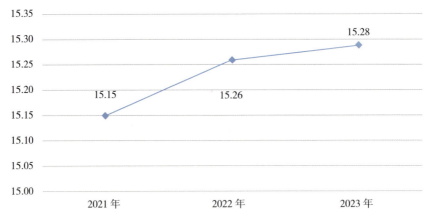

图6 绿色税收维度全市均值趋势图

三、区域对比分析

（一）"东四县"：宜都、夷陵发展领先，当阳、枝江后劲十足

从综合指数看，宜都、夷陵在"东四县"中绿色发展领先，宜都连续两年稳居第一名，夷陵位居第二名，当阳、枝江位居第三名、第四名，位次格局相对稳定，略有交替，整体呈逐年上升趋势。从各维度来看，绿色生产维度当阳、枝江上升迅速，2022年、2023年连续两年领先夷陵、宜都，发展动力足，有后发赶超劲头；科技是第一生产力，作为产业发展的排头兵，宜都在研发投入和成果转化率方面位居全市前列，说明科研实力强、绿色发展更具持久力。绿色生活维度宜都领先

优势明显，在绿色出行方面表现优异，新能源车购买率指标连续三年位居第一名，2023 年新能源车购买量占新车购买比例达到 29%，高于全市整体购买比例 23%，居民出行选择更加绿色节能。绿色生态维度夷陵有大幅上升，2022 年、2023 年连续两年位居第一名，尤其是环保设备和材料投入指标，从全市第九名跃升至第一名，说明环保投入方面有大幅增长，环保意识或环保要求有很大提升。绿色税收维度当阳发展较好，减免税费金额、支持三农发展等指标增长迅速，2023 年当阳减免税费总金额达到 9.67 亿元，位居全市前列，说明税收优惠作用发挥充分（详见表 8）。

表 8 　　　　　　　　"东四县"综合指数与维度得分表

年度	县市区	综合指数	区域排名	绿色生产	绿色生活	绿色生态	绿色税收
2021 年	夷陵	81.03	1	22.83	22.66	20.43	15.11
	宜都	80.96	2	22.73	22.67	20.46	15.10
	当阳	80.82	3	22.74	22.62	20.32	15.15
	枝江	80.68	4	22.64	22.66	20.34	15.04
2022 年	夷陵	81.16	2	22.78	22.73	20.47	15.18
	宜都	81.29	1	22.76	22.78	20.43	15.32
	当阳	81.09	4	22.83	22.63	20.32	15.31
	枝江	81.14	3	22.82	22.69	20.37	15.25
2023 年	夷陵	81.41	2	22.81	22.76	20.57	15.27
	宜都	81.63	1	22.86	22.98	20.50	15.29
	当阳	81.39	3	22.94	22.68	20.40	15.37
	枝江	81.33	4	22.93	22.75	20.34	15.31

（二）"城区五区"：高新发展最快，各区实力相对均衡

从综合指数看，高新在 5 个城区中发展最快，2022 年、2023 年连续两年位居第一名，西陵紧跟其后，排名第二名；点军、猇亭分别位居第四名、第五名，但点军在 2023 年排名第三，有明显提升。从各维度分析，绿色生产维度高新、西陵、伍家发展较好，尤其西陵发展迅速且后来居上，近两年领先优势明显，位居第一名，水路运输占比、研发成果转化率等指标位居全市前列；猇亭作为工业区，在优化能源结构方面表现突出，高耗能制造业煤炭消耗在不断降低，位居全

市前列，说明产业升级正在向绿而行。绿色生活维度点军、高新发展较好，点军 2022 年、2023 年连续两年位居第一名，尤其是园林绿化提升度指标，连续三年位居全市前列，居民环境和城市风景越来越好。绿色生态维度高新发展最好，连续三年位居第一名，领先优势明显，特别是水低标污染排放户数同比增长率指标，明显优于其他区域，说明在污水治理上卓有成效；同时点军也有很大提升，单位农产品化肥农药消耗量在不断降低，属于全市领先水平，土壤、水体得到有效保护。绿色税收维度伍家发展较好，上升趋势明显，2023 年位居第一名，减免税享受面、支持绿色发展等指标增长明显，说明税收优惠力度和覆盖面在逐年扩大（详见表 9）。

表 9　　　　　　　　"城区五区"综合指数与维度得分表

年度	县市区	综合指数	区域排名	绿色生产	绿色生活	绿色生态	绿色税收
2021 年	高新	81.23	2	22.92	22.68	20.49	15.14
	西陵	81.18	3	22.87	22.61	20.39	15.31
	伍家	81.24	1	22.91	22.73	20.35	15.25
	点军	80.85	4	22.73	22.71	20.31	15.09
	猇亭	80.70	5	22.64	22.60	20.34	15.13
2022 年	高新	81.69	1	22.97	22.85	20.54	15.34
	西陵	81.49	2	23.05	22.83	20.37	15.23
	伍家	81.46	3	22.94	22.83	20.36	15.33
	点军	81.17	4	22.69	22.91	20.30	15.28
	猇亭	80.88	5	22.71	22.81	20.25	15.12
2023 年	高新	81.86	1	22.99	22.96	20.70	15.22
	西陵	81.62	2	23.14	22.87	20.37	15.23
	伍家	81.52	4	23.01	22.94	20.24	15.33
	点军	81.56	3	22.93	23.03	20.31	15.30
	猇亭	81.06	5	22.76	22.74	20.28	15.29

（三）"山区五县"：长阳、五峰、兴山相对领先，各地差异显现

从综合指数来看，在 5 个山区县中，每年得分排名都有较大变化，长阳、五峰发展较好，连续三年稳定排名前三且有一年位居第一名；兴山增速最为明显，2023 年跃居第一名，主要表现在绿色生态维度有很大提升；秭归、远安排名靠

后且有下滑，各地差异开始逐渐显现。从各维度来看，绿色生产维度五峰发展较好，前两年位居第二名，2023年位居第一名，尤其是现代服务业指标增长迅速。绿色生活维度兴山领先优势明显，2021年、2022年连续两年位居第一名，公共交通使用量、旅游服务业占比、健身休闲提升度等指标得分明显高于其他县，其中2023年旅游服务占全部服务业的比重达到34%，说明居民生活更加便利舒适。绿色生态维度长阳发展最好，连续三年位居山区县第一名，研发设备和材料投入增长率、生态保护和环境治理业增长率、大气低标污染排放户数增长率等指标连续三年位居全市前三名，领先优势明显；五峰紧跟其后，近两年位居山区县第二名，生态保护和环境治理业发展良好，该项指标连年增长，连续三年位居全市第一名，明显优于其他县，说明生态保护和治理意识很强。绿色税收维度五峰发展相对领先，减免税享受面、支持绿色发展等指标位居山区县前列，税收优惠作用发挥良好，惠及面广，政策扶持力度强（详见表10）。

表10   "山区五县"综合指数与维度得分表

年度	县市区	综合指数	区域排名	绿色生产	绿色生活	绿色生态	绿色税收
2021年	远安	81.06	2	22.83	22.68	20.40	15.16
	兴山	80.87	5	22.76	22.72	20.28	15.11
	秭归	80.96	4	22.88	22.59	20.39	15.10
	长阳	81.23	1	22.73	22.67	20.67	15.17
	五峰	81.02	3	22.84	22.67	20.29	15.23
2022年	远安	81.25	3	22.97	22.57	20.45	15.26
	兴山	81.12	5	22.87	22.92	20.19	15.14
	秭归	81.17	4	22.86	22.69	20.40	15.22
	长阳	81.25	2	22.77	22.65	20.57	15.26
	五峰	81.39	1	22.90	22.66	20.49	15.34
2023年	远安	81.40	4	23.06	22.67	20.39	15.29
	兴山	81.81	1	22.97	23.22	20.39	15.22
	秭归	81.20	5	22.90	22.74	20.36	15.19
	长阳	81.50	3	22.77	22.69	20.71	15.32
	五峰	81.53	2	23.14	22.55	20.55	15.29

近年来，宜昌市税务局在全国首创"长江大保护绿色发展税费指数"，探索用"一把尺子"衡量区域发展"含绿量"和"含金量"，为"加快形成推动高质量发展的指标体系、标准体系、统计体系、绩效评价"提供税务实践案例。本文是宜昌市税务局根据"长江大保护绿色发展税费指数"研究方法形成的分析报告，为促进经济社会发展全面绿色转型提供了重要参考。

以高质量财源建设为典范城市建设
提供有力支撑

——宜昌市财源建设现状及增收路径研究

张　宜　熊绪刚　叶　超

高质量的财源建设、高水平的财政保障是高质量发展的重要支撑，如何加强财源建设工作，做大财政收入规模，构建财政收入持续增长机制？宜昌市财政局用好调查研究法宝，以全市重点产业链为主线，开展了全域财源建设专项调研，走访全市 14 个县市区，深入 13 个产业园区，面对面与 55 家重点企业进行座谈交流，以期掌握全市重点财源分布和变化趋势，了解县市区财源建设工作开展情况，探索寻求全市财政收入持续稳定增长路径。

一、盘点增收的基础

（一）宜昌经济发展面临的外部机遇

当前，世界百年未有之大变局加速演变，在以国内大循环为主体、国内国际双循环相互促进的新发展格局下，市场和资源"两头在外"的外源型发展动能减弱，国家产业布局逐渐从"沿海时代"转向"长江时代"，长江经济带将成为内循环的"主动脉"，长江流域的发展将开启新的篇章。宜昌位于长江经济带核心节点，是长江经济带发展、中部地区崛起等一系列重大决策部署的交汇承载地，并且即将迎来长江经济带标志性工程——三峡水运新通道建设重大机遇，加上沿江高铁、呼南高铁十字枢纽加快建设，宜昌综合枢纽地位将进一步抬升。对宜昌来讲，这是系统性、重塑性的战略机遇，是经济加快转型发展的有利因素；对财政部门来讲，这是做好财源建设工作促进财政增收的底气与倚仗。

（二）宜昌科学的现代产业体系

当前，宜昌正处于工业化中期向中后期过渡阶段，总量快速壮大、结构不断优化、转型升级日趋明显。全市"3+2"主导产业布局和"12520"产业发展体系聚焦国家、省重大产业发展需求，结合宜昌在产业领域的优势，目标明确，路径清晰，各县市区正围绕这一布局精准发力。高新区开疆拓土，成功招引一批新能源产业的大项目、好项目落户，高质量发展步入快车道。宜都市统筹全市一盘棋，推动东阳光集团、海格斯等一批支柱企业持续向好。夷陵区立足磷矿优势，创新体制机制支持磷矿产业健康发展，壮大磷矿税收。兴山县以兴发集团为链主企业，抓实产业链招商，围绕磷化工、碳硅新材料等产业，引进培育领头羊企业。远安县制定推进工业企业"51520"倍增工程实施方案，明确六大产业发展方向，推动全县工业经济转型提质。高质量的产业是高质量财源的基础，这些产业项目将形成新一轮财政收入的增长点，成为财政收入的有力支撑。

（三）县市区财源建设实践经验

近年来，宜昌市各级财政部门将财源建设工作作为重中之重，坚决扛责上肩，抓牢抓实，取得了积极进展，形成了一系列可复制可推广的实践经验。

一是营造抓财源生态。党委政府高位推动全市财源建设工作，各级、各部门齐抓共管，财源建设意识不断增强，财源建设体制机制不断健全，部门共治机制运行顺畅，形成全市"一盘棋"的工作大格局，抓财源抓收入的基础不断巩固。

二是实施引财源行动。实施引进培育骨干税源产业项目"531"计划，全面压实各县市区党委政府主要负责人引进培育责任，强调项目税收贡献，千方百计提升新增税源规模。2022年以来，全市新增骨干税源产业项目42个，预计全部达产后年纳税额36.3亿元。

三是形成培财源体系。创新出台一批产业扶持政策，包括贯彻落实更好地服务于市场主体、推动经济稳健发展若干政策措施，支持打造生物医药产业地标若干政策措施等。各县市区因地制宜，出台一些稳增长促发展政策。如长阳调整房土两税征税范围和土地等级，强化税收征管。西陵出台建筑业优秀人才评选管理办法，全方位做好服务，拴心留企。点军、猇亭出台财源建设考核办法及税收共治工作奖励细则，提高区直单位、乡镇抓"财源"意识。

四是打造聚财源平台。以数字化赋能财源建设，打造财税综合信息平台，整合相关部门业务数据，提高协税护税工作效率，增强财源建设工作前瞻性和主动性。依托平台对全市建安项目、土地出让契税、耕地占用税、房地产企业增值税、驾校及机动车检测站开展税收风险预警。

2023 年，全市一般公共预算收入 268.99 亿元，同比增长 23.3%。其中，地方税收收入 203.84 亿元，同比增长 22.0%，地方税收占一般公共预算收入比重为 75.8%；非税收入 65.15 亿元，同比增长 27.4%。同期，全国一般公共预算收入增幅 6.5%，全省一般公共预算收入增幅 12.5%。财政收入用数字说话，凭实绩交卷，宜昌高质量财源建设成效初显。

二、直面增收的困难

在梳理盘点基础及优势的同时，也必须关注到，面对新的战略机遇、新的政策窗口期、新的基础条件，宜昌市稳增长的基础支撑还不稳固，基层财源建设还存在不少堵点、痛点，部分县域财源结构单一，要实现财源稳定可持续增长，还需付出艰苦努力。

（一）外部环境更趋严峻复杂

2023 年以来，宏观经济逐步走出疫情阴霾，经济运行持续恢复、承压回升，主要经济指标稳中有进。但是当前经济恢复还不充分，"宏观热、微观冷"的特征还比较明显。调研发现，奥美医疗、三宁、兴发及宜化等企业不同程度受中美贸易摩擦及国际市场环境影响。经济是财政的基础，财政是经济的综合反映，经济下行压力会持续向财政传导。因此，要保持谨慎的态度，不能过高期望财政收入能一直延续高增速。基于此，下阶段财源建设及财政收入组织工作立足点仍是力争稳中有进、稳步增长。

（二）现代产业体系构建尚需时日

产业是财源的基础，目前宜昌市现代产业体系的构建尚在初期阶段，要实现产业对财源的多点发力、多极支撑还需要培育过程。分析宜昌市传统财源，税收贡献度最高的磷矿开采及下游化工产品产业链目前面临着产能过剩、产品同质化严重、成本压力上升等问题，且目前仍处于低谷周期，市内化工企业普遍正承受较大压力。从调研反馈情况看，已有个别大型化工企业采取停产检修方式来减产保价，宜化、兴发、三宁等大型企业集团因规模较大，抵御风险能力较强，而部分小型化工企业徘徊在生死边缘。聚焦新兴产业，邦普、楚能、天赐、海科等大批新能源产业项目落户宜昌，形成了集聚效应，但新能源产业的发展与政策、技术、市场等因素密切相关，产业链后期税源存在不确定性，目前这些企业营收及税收贡献与预期还有一定差距。传统财源面临困难，新兴财源尚在培育，经济对财政的贡献能力有待提升。

（三）区域发展不平衡问题突出

各县市区竞相发展，全域竞进氛围明显，有效推动全市财政收入扩量提质，但发展不均衡、不充分问题突出，收入增速显著分化。从当前时点看，2024年1—9月，县市区间一般公共预算收入增幅梯次明显，枝江市、当阳市、高新区增幅超过15%，夷陵区、远安县、猇亭区、五峰自治县呈个位数增长。从储备项目看，各地报送预计2024年及以后年度税收达标的43个骨干税源产业项目中，东四县及高新区19个，山区五县12个，城区各区及平台公司12个，板块之间差异较大。部分城区和山区县还未找到合适的财源增长点，财政收入规模小，产业项目招引少，财政自给率低，对上级转移支付依赖大的问题短期内无法解决。

（四）摆脱土地依赖任重道远

房地产市场遇冷，土地市场低迷，土地收入下滑严重，打破了原有的基层财政运行平衡状态。2024年1—9月，全市国有土地使用权出让收入41.9亿元，仅完成全年计划的21.8%；市直国有土地使用权出让收入12.1亿元，仅完成全年计划的13.6%。2021年、2022年、2023年全市国有土地使用权出让收入与一般公共预算收入比例分别为1.04：1、0.94：1和0.73：1。截至2024年9月，该比例仅为0.18：1。随着土地出让收入骤减，政府要从过去过度依赖土地出让收入的模式中解放出来，积极推进产业升级发展，招引培育骨干税源，加强非税收入征管，实现以一般公共预算收入扩量提质补土地出让收入之缺口任重道远。

三、探索增收的路径

（一）加快培育涵养地方财源，夯实增收基础

一是抓好"531计划"落实。引进培育骨干税源产业项目"531计划"是市政府工作报告中明确的年度重点工作，也是未来支撑财政收入增长的重要举措。各地要加压奋进，抢抓历史机遇，立足资源禀赋，加快构建现代产业体系，千方百计招大引强，想方设法培育增效。同时，支持和鼓励新引进企业在宜昌市设立综合性总部、区域性总部、职能性总部或子公司等法人机构，做大总部经济，增强辐射效应。

二是突出"税收贡献"导向。坚持以财税效果看发展成果，特别是强化对重点行业、重点企业地方财力贡献的关注，牢固树立"引资"与"增税"并重理念。在引进重大项目时，既要评估是否符合发展规划、产业布局和承载能力，又要评估是否带来经济效益，将投资强度、税收贡献等作为项目招引的核心评价指标。

三是强化非税收入征管。探索非税收入管理新路径，督促相关部门转变角色，挖掘非税增收潜力。全面推进大财政体系建设，盘活存量资源资产，促进资源资产存量转化为财政收入增量。完善国有资产交易规则，逐步建立出租出售信息与资金入库信息比对预警机制，推动资产规范化管理。

（二）不断提升税费共治水平，释放增收潜能

一是提升信息化治税能力。继续升级拓展财税综合信息平台功能，实现涉税信息共享共用，利用数字手段挖掘潜在财源。按权属关系将有效涉税信息分发至县市区，县市区做好预警信息应用与核查，切实提升治税水平。

二是强化重点领域税费征管。继续加强对建筑业、加油站成品油领域税收整治，巩固提高已有成效。探索股权转让、矿产资源开采、商品砼生产销售、房地产销售、土地出让等行业税源管控新路径。建立健全市政公共资源管理制度，对符合法定条件的城市公共场地、市政道路内停车泊位实行有偿使用，对市政公共资源特许经营权实行有偿转让。

三是防范税源流失风险。对转让价格明显低于市场平均水平的交易行为加强监管，防范和纠正关联企业间利用转让定价行为转移宜昌本地合理利润和正常税收。加大对跨省跨市经营企业联合服务和争取力度，引导跨省跨市税收回流宜昌。

（三）全力抓好收入组织工作，提升征管质效

一是加强收入运行情况研判。聚焦全年收入预期，强化分析、抓好调度，及时发现、研究、解决收入政策执行和收入征管中出现的问题，做好数据统计、收入预测和经济运行分析等工作。强化统筹部署、市县联动，加强县市区间财源建设经验交流，开展财税业务专业培训。

二是规范收入秩序。坚持依法依规、实事求是，合理设定收入预期目标，不违规向企业分解税费任务，不搞恶性竞争，不片面追求高速度。财税部门加强联系，及时学习最新政策，确保财政收入经得起检验，切实挤掉水分，提高质量。

三是完善激励引导机制。鼓励县市区从发展中找抓手、找突破、找增量，跳出宜昌走出湖北引项目和投资，破解收入多级支撑不够、财政自给率低的问题。深化市县乡财政体制改革，规范区域内协作共建园区和项目相关各方利益共享机制，激励各地各部门围绕财源建设工作主动发力、释放潜能、激发动能。

（作者单位：宜昌市财政局）

财政收入是一个地方经济综合实力的体现。加强财源建设是增加财政收入、增强综合经济实力的重要途径。本文从外部机遇、产业体系、实践经验等方面总结了宜昌财源建设的基础及优势，分析了当前所面临的困难和挑战，提出了有针对性的对策建议，为探寻宜昌财政收入持续稳定增长路径，推动高质量财源建设提供了参考。相关经验被财政部官网转载推介。

金融支持宜昌民营经济发展的路径研究

宜昌市金融服务中心课题组

党的二十届三中全会指出，完善民营企业融资支持政策制度，破解融资难、融资贵问题。民营经济是国民经济的重要组成部分，是推进中国式现代化和高质量发展的生力军。长期以来，民营企业"融资难、融资贵"一直是制约其发展的瓶颈。这需要各方同心协力，共同破解"融资难、融资贵"这一难题，为宜昌经济高质量发展蓄势赋能。

一、金融支持民营经济发展现状

（一）民营经济总量稳步提升

一是市场主体数量加速成长。截至 2024 年 4 月，宜昌市实有市场主体 77.65 万户，其中民营市场主体 76.0 万户，民营市场主体占全社会市场主体比重为 97.87%，其中私营企业 18.6 万家、个体工商户 57.4 万户。二是头部企业影响力加大。在"2023 湖北民营企业 100 强榜单"中，宜昌有 6 家企业上榜，数量居全省同等市州前列。根据市工商联发布的"2023 宜昌市民营企业 50 强名单"显示，上榜企业资产总额达 1318.24 亿元，比上年增长 18.98%，纳税总额达 54.81 亿元，比上年增加 12.96 亿元。三是创新能力不断提升。全市国家级"小巨人"企业达到 68 家，省级专精特新中小企业 497 家，民营企业占比超过 90%。全市高新技术企业 1432 家，民营企业占比达 96.4%，入库科技中小企业 2777 家全部为民营科技企业，全市省级科创新物种"瞪羚"企业 78 家。

（二）民企融资规模显著提升

一是信贷规模不断扩大。近年来，宜昌金融机构强化重点领域和薄弱环节的信贷支持，扩大普惠金融服务面。截至 2024 年 6 月末，全市民营经济贷款余额 1309.6 亿元，同比增速 15.8%，高于全市各项贷款平均增速，民营企业贷款存量户数超过 6 万，较去年同期增加了 1 万户。支农支小再贷款 53.1 亿元，惠及小微企业 4500 余户，累计落实普惠小微激励资金 6200 万元。二是信贷结构不断优化。通过落实金融机构信用贷款奖励金政策、加强政策性开发性金融工具运用等方式，提升全市信用贷款、中长期贷款规模。截至 6 月末，全市民营经济信用贷款余额 242 亿元，同比增速达到 42.2%，经营性中长期贷款余额 395 亿元，同比增长 10.5%。

（三）民企融资环境不断优化

一是融资成本持续下降。2024 年 6 月份全市新发放小微企业贷款加权平均利率已低至 3.98%。平均担保费率降至 0.31%，为中小微企业减免担保费 1.18 亿元。二是融资效率不断提升。不定期组织金融机构召开企业融资专题会议，跟踪解决金融机构对民营企业融资过程中的难点、堵点问题，规范、精简审批环节及事项，压缩贷款办理时间，提高放贷效率。三是对接帮扶更加精准。建立"四上"培育企业银企对接长效机制，对市领导领衔包保的 195 家企业，逐企落实主办银行对接服务。及时收集企业融资需求，"一企一策""一企一议"。对暂无融资需求的，发挥"金融顾问"作用；对"缺信用"和确不符合信贷政策的企业，帮助找准症结开"药方"，进行信用培植。

二、金融支持民营企业的主要做法

（一）"财政＋金融"一体协同

一是创新信贷产品。开发"科技信用担保贷""知识产权质押贷""创业担保贷"等产品，对符合条件的民营小微企业设置贷款利率上限、提供贷款贴息、免除反担保等。二是激励信贷投放。设立 1 亿元应急转贷纾困基金，安排 1000 万元贷款风险补偿奖补资金，对在宜昌市城区内经营，为全市中小微企业提供了纯信用类流动资金贷款和项目贷款并且发生了损失的金融机构进行奖补。截至目前，已累计为中小企业应急转贷 68.44 亿元。三是政府担保增信。建立"担保＋风险补偿＋金融"引导机制，强化政府性融资担保效能。2023 年以来，落实政府性担保机构"四补"基金超 3 亿元。截至 2024 年 5 月末，全市政府性融资担保机构在保余额达 166.07 亿元，同比增长 33.09%。

（二）"上市＋投资"多向发展

一是聚焦上市培育。以"储备一批、培育一批、辅导一批、上市一批"为原则，聚焦高新技术行业，将上市意愿强、成长潜力大的企业进行入库培养，邀请证监会、沪深北交所来宜指导。近年来，宜昌上市后备企业达 149 家，民营企业占比 80%。2023 年以来，全市新增民营上市公司 3 家（康农种业、戈碧迦、力佳科技），在境内外上市公司中民营企业达 13 家，占比达 68.4%。二是探索新型投资。打造股权财政、产业财政新模式，设立三峡产业引导基金，坚持"投早、投小、投长期、投硬科技"，累计投资项目 215 个、完成投资金额 79 亿元，带动银行贷款超 100 亿元。

（三）"线上＋线下"提升服务

一是搭建线上金融平台。打造"宜信融"网上金融服务大厅，利用政务数据为企业"画像"增信，畅通融资对接渠道。截至 2024 年 8 月底，网上金融服务大厅授信金额 1931 亿元，放款金额 1143 亿元，申请次数 62 万人次。打造"三峡 E 链"供应链金融平台，以磷化工行业为试点，将企业应收账款转化为可拆分、可流转、可持有到期、可融资的电子债券凭证，在平台自由流通，帮助上下游中小企业快速融资，降低资金成本。二是完善线下对接服务。成立宜昌市企业金融服务（首贷服务）中心，统筹整合线上线下各方资源，邀请银行、证券、保险、担保等多家金融机构入驻办公，提供综合性金融服务。

三、存在的问题

通过近期实地走访调研商会、协会、民营企业、银行机构，先后组织召开座谈 10 余次，收集约 300 家企业样本，综合分析，民营企业融资主要面临以下几个问题：

（一）外部环境压力凸出

1. 经济下行冲击市场。经济增速放缓使市场各方对经济形势的预期普遍不乐观，银行放贷更加审慎。调查显示，当前民营企业主要面临着市场竞争激烈（61.9%）、应收账款回收困难（53.6%）、市场需求不足（45.2%）、人工成本上升（44%）、原材料成本上升（34.5%）这五大难题，企业反映虽然目前资金状况能维持正常经营，但较以往处于紧平衡状态。同时，由于房地产业持续疲软，房产、商铺、厂房等抵押资产预估价值普遍下降超过 20%，房产抵押率低至 6 折，商铺抵押率低至 5 折。有 46% 的企业反映，由于抵押物价值降低，造成原计划续贷额度大幅度削减。如宜昌某公司 2023 年以两套评估价值约 280 万元的房产作为抵押物，获批 200 万元贷款，2024 年 7 月由于房产贬值，续期时贷款额度被下调。

2. 资本市场审批趋严。4 月 12 日，沪深北交易所就股票发行上市审核规则等业务规则进行修订，主板市场指标净利润提升至 2 亿元，现金流提升至 2.5 亿元，营业收入提升至 10 亿元，科创板指标研发投入调整为 8000 万元以上，更加凸显"硬科技"特色。整体来看，民营企业新股上市难度有所提升。据统计，全国已累计有 336 单 IPO 申请中止审核，主要原因之一是财务数据未达到上市新规标准。宜昌市某民营企业 2022 年净利润 9329 万元，有意愿冲击主板上市，但随着 2024 年上市门槛进一步提高，加之企业 2023 年净利润亏损，上市难度骤增。

3. 金融监管持续升级。2024 年以来，国家金融监督管理总局相继出台《个人贷款管理办法》《流动资金贷款管理办法》《固定资产贷款管理办法》等多项规定，严格指导银行完善内控合规管理，打击信贷乱象。根据 iFinD 同花顺平台数据，截至 2024 年 5 月，金融管理部门已累计开出 685 张罚单，罚没总金额达 4.92 亿元。据不完全统计，2024 年以来，宜昌金融机构已罚没接近 300 万元，主要集中在贷后管理不到位、资金挪用、贷款资金用途监测不到位、违规发放贷款等方面。一方面，强监管能够有效控制风险，维护正常市场环境；另一方面，也可能促使银行为满足合规要求，产生惜贷倾向，减少向风险集聚的民营企业放贷或对民营企业贷款提出更高的要求。

（二）企业发展风险凸出

1. 企业经营效益下滑导致续贷难。此次被调查企业中，70% 的企业反映，因存货积压滞销、票据支付期限长等原因，企业偿债压力较大。此次参与调研的企业，平均存货周转率仅为 0.7，远低于标准值 3，60% 的企业票据结算周期在 6 个月左右，企业的整体流动比率为 1.4，低于标准值 2，主要集中在建筑业、批零住餐业、房地产业。如建筑业，2024 年上半年全市新开工项目、新承接项目数同比下降 7%，近六成的建筑业企业资产负债率超过 50%，90% 的建筑企业反映应收账款增多，企业资金周转困难，以宜昌市某公司为例，该企业在 2024 年未能成功中标新项目，收入下降，负债增加 600 万元，应收账款近亿元，银行无法为其续贷。

2. 企业规模不足导致发债难。自 2018 年湖北省成为民营企业债券融资支持工具试点省区以来，有九州通、人福医药、当代集团等 8 家优质民企纳入首批"支持工具"名单，部分企业相继发行了 5 亿元低成本融资券，而宜昌市仅 2016 年稻花香酒业发行企业债一笔，再未有新突破。且该企业债票面利率 7.18%，远高于同期兴发同类型公司债的票面利率 4.7%。这主要是因为宜昌市民营企业资产规模偏小，市场认可度偏弱，发行融资成本较高。2022 年宜昌市民营企业前 10 强平均营收 129.7 亿元，低于全省前 100 强平均营收 173 亿元。

3. 企业管理不规范导致融资成本高。P2P 退潮后，存活下来的互联网金融平台纷纷转型为中介助贷公司。部分民营企业由于资料准备不充分、资质不合格，在银行贷款碰壁后，只能通过助贷机构协助办理，而这往往需支付额外的咨询费、中介费和利率等。据了解，目前中介助贷公司的中介费率在 3% 左右，部分高达 6%，贷款利率在银行基础上再上浮 2 厘，极大程度增加了企业获贷成本。

（三）金融服务不匹配性凸出

1. 信贷定价与民企承受力不匹配

此次调研中，有 10% 的企业反映贷款利率在 5% 以上。一是存量贷款利率居高不下。民营小微贷款利率一般在 LPR 基准利率基础上综合确定，2019 年以来，五年期 LPR 从 4.85% 下调至 3.85%。然而，受贷款合同约束以及早期资金成本更高的影响，部分固定利率无法下调或置换，依旧保持在 5%~6%。二是地方法人银行贷款利率偏高。作为服务中小微企业的主力军，地方法人银行的民营企业贷款占宜昌市贷款比重达到 47%，而贷款平均利率仍在 4.3% 左右，较全市企业贷款平均利率（3.1%）高出 1.2 个百分点。主要原因是地方法人银行面临更高的运营成本、风险成本与合规成本。

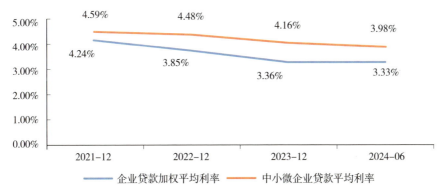

图 1　近三年全市企业贷款加权平均利率变化情况

2. 金融产品与民企需求不匹配

一是覆盖面不足。中型企业由于处于发展的"过渡期"，往往被金融机构忽略。当前，全市针对民营企业的 56 种金融产品中，适用于中型企业的不足 20%，且以抵押等传统融资模式为主，创新不足，适配率不高。二是额度不足。目前普惠金融仍然执行 1000 万元以下标准，在相关考核指标带动下，宜昌市 90% 以上的单户信贷投放在 1000 万元以内，其中纯信用贷款额度 500 万元以内。为解决额度不足，一些企业不得不通过不同企业主体申请。宜昌市某农业企业有融资需求 2300 万元，而每家银行授信均不超过 500 万元甚至 300 万元，企业只能通过关联子公司在 5 家银行分别贷款。三是期限不足。受风险考量，银行偏向投放短期贷款。目前，全市民营企业经营性中长期贷款余额占比不到 30%。然而，从企业实际经营状况看，短期内难以迅速实现成本回收与盈利，无法承担还本付息的压力，特别是技术密集型行业，例如化工、医药、新材料等。某制药企业反映，新产品研发周期长，上市前需要持续加大产品研发投入，造成财务报表显示持续亏损，难以获得金融机构的长期支持。

3.审批时长与民企业务特征不匹配

中小企业融资需求往往具有"短、小、频、急"的特征，资金流动性强、频率高，但有 77% 的企业反映目前贷款手续依旧很繁杂，线上审批虽然快，对企业资本收益率要求更高，稍有细节上的"瑕疵"，则需线下人工审批，耗费时间通常需要两周以上，对企业业务正常开展造成影响。

四、有关建议

（一）提升营商环境"软实力"

一是强化财政撬动效能。加大应急转贷基金、知识产权贷、科技创新贷等政策性金融产品推广力度，进一步扩大合作银行范围，有效应对固定资产贬值风险。按"创新积分制"分类提高政府性融资担保体系分险比例，适度提升担保单户上限至 2000 万元。二是拓展直接融资渠道。重点围绕专精特新、科技型民营企业，建立发行项目储备库，实行重点培育、跟踪服务、动态管理，探索争取民营企业资产担保债务融资工具在宜落地试点。发挥财政资金引导作用，将原上市企业奖励资金，调整为四板挂牌奖励资金，为优质民营企业挂牌提供动力。三是科学平衡发展监管。落实普惠信贷尽职免责规定，引导银行机构阶段性提高资产抵质押率。

（二）强化民营企业"竞争力"

一是聚焦转型。积极利用民营企业债权融资支持工具、科技创新和技术改造再贷款、碳减排支持工具等阶段性结构性货币政策工具窗口期，引导企业向科技创新、"专精特新"、绿色低碳、产业基础再造工程等重点领域转型发展。二是聚焦管理。以国有企业财务管理为样板示范，联合中小企业服务中心开展民营企业内部管理培训，引导民营企业健全财务管理制度，确保财务信息的真实性和准确性，为金融机构提供可信赖的财务报告。三是聚焦规范。建立重点支持民营企业名录，做好企业信用培植和贷前培训工作，提升放贷效率。建立贷款中介"黑名单"制度，严厉打击非法助贷中介机构。

（三）增强金融机构"驱动力"

一是完善信息共享。发挥"宜融易"平台作用，扩大"三峡E链"辐射范围，通过政务信息共享、融资平台撮合等方式，降低中小法人银行信息成本。二是加强精准服务。建立重点支持中型民营企业名录，引导银行设立专项信贷计划，成立中型企业服务团队，利用商票、保理等供应链金融产品为中型企业提供专项服务。落实普惠小微单户授信2000万元认定标准，扩大普惠金融服务覆盖面。完善"四个重大"项目清单制，批量推送银行，鼓励运用银团贷款等方式加大中长期贷款投入。三是优化办贷流程。鼓励银行适度下放信贷审批权限，对小微企业信贷业务实施模块化运作，批量化审核。将"1300"创业担保贷模式逐步推广到科技创新担保贷、知识产权贷、银税贷等其他产品，提高放贷效率。

本文系宜昌市2024年度社会科学研究课题《金融支持宜昌民营经济发展的路径研究》（ysk24ybkt008）成果。

（课题组成员：刘明兴、王康、王振梁、李晓琳、向树昆）

民营经济是推动我国发展不可或缺的重要力量，近年来，宜昌着力优化营商环境，持续降低制度性成本，助力民营企业融资。但随着经济下行压力加大，民营企业融资仍然存在一定堵点。针对这一现实问题，本文结合宜昌民营企业发展现状、具体案例，探究阻碍民营企业融资的深层次原因，并提出相关建议，助力民营经济健康发展。

宜昌市社会科学界联合会

YICHANG ASSOCIATION OF SOCIAL SCIENCE SOCIETIES

加快构建现代化产业体系

关于进一步优化营商环境
推进宜昌民营经济高质量发展的调研报告

宜昌市人大课题组

为学习贯彻落实党的二十届三中全会精神，全面落实党中央"两个毫不动摇"方针，促进民营经济高质量发展，宜昌市人大财经委结合省市《中小企业促进法》实施情况执法检查，对市内民营经济发展营商环境开展走访、座谈和问卷调查，其中走访企业 12 家，集中座谈 16 家，问卷调查 120 份、回收有效问卷 108 份，收集民营企业反映的困难和问题。

一、民营经济营商环境持续改善提升

一是政务服务效能持续提升。全市 90% 政务服务事项实现"一网通办"，法定行政审批事项超时默认，"跑一次"事项占比 100%，"全程网办"事项占比 100%。形成全市一张惠企政策清单，对符合条件的涉企资金政策 100% 免申即享。二是市场环境不断优化。严格落实"全国一张清单"管理要求。严格执行《宜昌市公平竞争审查会审办法》等 4 项制度，整改违规文件 30 份，废止 129 份。严格落实减税降费，2024 年一季度为小微企业免征增值税 139904.67 万元，减免企业所得税 14580.55 万元。三是要素支持进一步强化。金融服务持续发力，截至 2024 年 4 月末，宜昌市民企贷款余额 1257.98 亿元，同比增长 17.75%。人力资源保障不断强化，截至 2024 年 4 月，"掌上找工作"平台已注册企业 7685 家，累计发布岗位 1.56 万个，累计需求人数 13.47 万；3.53 万人进场求职。创新要素支持力度加大，截至 2024 年 5 月，全市 7 家民企被认定为省级企业技术中心，数量仅次于武汉市。四是法治环境持续改善。制定实施《2023 年宜昌市知识产权行政保护实施方案》。全市专利侵权纠纷案件共立案 71 件，已结案 69 件。将涉企案件经济影响评估嵌入人民法院审判管理流程，全市法院涉企案件在线评估率达 100%。建立信用修复制度，将 2159 家市场主体移出失信"黑名单"。五是工作机制更加完善。政企恳谈会常态化开展，2023 年以来，市委、市政府主要领导召开政企恳谈会 9 场，共收集 84 家企业反馈问题 236 个。深入落实"四上"企业招引培育工作，2024 年 1—2 月，全市新增"四上"企业 1140 家；由市级领导领衔培育的 195 家企业中，已入库 55 家。"双千"服务持续优化，2024 年以来，全市走访服务企业 2898 次，提交问题 214 个，已办结问题 158 个，办结率 74%。

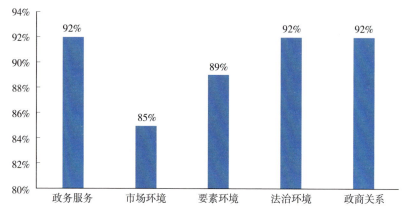

图 1　宜昌市民营企业营商环境满意度

2023 年宜昌营商环境评价位列全省第二，连续四年被评为全省营商环境标杆城市，在全国工商联"万家民企评营商环境"调查中位列全国地级市第四名，进位明显。

二、当前民营经济发展面临五大难题

创新难：一是科技创新政策支持力度不足。宜昌市出台了《关于推进科技创新加快国家创新型试点城市建设的实施意见》《关于加快推进区域科技创新中心建设的若干措施》，但实施效果仍待提升。比如在有效问卷中（以下简称"问卷"），在促进民营企业自主创新方面，反映最希望政府出台的政策措施，按照比例来看，主要集中在希望加大技术创新支持力度的有 68 份，占比约 62.96%；促进产学研结合的有 42 份，占比约 38.88%；促进技术设施共享，大力发展公共技术服务的有 41 份，占比约 37.96%。二是自主创新能力相对薄弱。2022 年宜昌研发（R&D）投入为 111.68 亿元，R&D 与 GDP 之比为 2.62%，高于全国平均水平（2.55%），但低于 OECD 国家平均水平（2.67%）；2023 年，1350 家民营高新技术企业拥有产业技术研究院、工程技术研究中心等研发平台 38 家，占比为 3.67%。2022 年宜昌创新能力仅位居全国 78 个国家创新型城市第 45 名。三是科技创新生态建设相对滞后。宜昌市民企主要依靠自身力量参与科技创新，没有主动与高校、科研院所等创新主体构建产学研深度融合的协同创新体系，创新链与产业链不能"集成发展"，无法构建从基础研究、技术创新、成果孵化到区域示范的全链条创新生态。

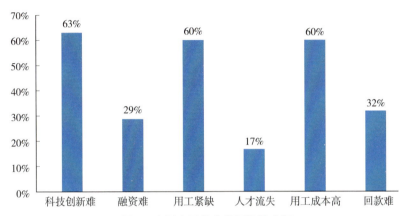

图 2　宜昌市民营企业面临的难题

融资难：一是银行贷款占比低。2021 年全市民营企业贷款余额 818 亿元，占全市企业贷款余额的比重为 17.5%。2022 年全市民营企业贷款余额 982 亿元，占比为 18.9%。2023 年全市民营企业贷款余额 1169 亿元，虽然有所增加，但占比也仅为 19.7%。二是股权融资金额低。2022 年至 2024 年，宜昌市上市民营企业融资总额为 13.38 亿元，占全市上市企业融资总额的 17.18%。与此同时，非上市民营企业股权融资总额更少，仅有 1.75 亿元。三是政府采购合同融资低。2023 年全市民营企业线上"政采贷"融资额为 9.54 亿元，占全市线上"政采贷"融资总额的比重仅为 8.56%。

用工难：一是实力薄弱。单个民企体量太小，研发实力、科研条件过于薄弱，技术问题太单一，难于吸引中高层次人才，表现为企业中高端人才稀缺，共有 61 份问卷反映此问题，占比 56.48%。二是用人机制不健全。民企在人才的引进选拔使用方面存在机遇不均衡、地位不平等的现象，在政治、生活等待遇方面也不十分合理，造成民企人才浪费和人才外流。

降本难：调研结果表明，除了制度性交易成本下降外，近三年来民营企业生产经营总成本不降反升。一是人工成本增加明显。在经济下行背景下，全员社保与住房公积金归集扩面提升了企业用工成本。以公积金为例，2024 年 1—7 月，全市城镇私营企业 4827 个缴存单位，累计缴存人次 920775 次，人均缴存额 472.06 元，累计缴存金额 43466.5 万元，比上年均有提高。问卷中，65 家企业反映人力成本高成为当前企业发展面临的主要挑战，占比 60.18%。二是税费负担有所增加。问卷中，有 71 家企业反映最希望政府在减税降费方面给予政策支持，占比 65.74%。三是水、电、燃气、网络、物流等企业经营性成本增长。问卷中，有 55 家企业反映物流成本增加，占比 50.92%；有 31 家企业反映物流成本高是目前企业发展面临的主要挑战，占比 28.70%；有 39 家企业反映用电成本增加，占比 36.11%；有 32 家企业反映燃气成本增加，占比 29.62%。

回款难：一是应收账款回款难。2023 年以来，宜昌市及县市区政府、政府平台欠付民企款项线索共 45 条，涉及金额 31990.24 万元。另外，建筑行业通常在项目前期垫资数额巨大，应收账款回款率低。技术服务业企业预付款不足以覆盖前期成本，需要企业垫资。二是票据使用较普遍。采用银行承兑汇票结算的民企在票据贴现时，会遇到贴现率低的情况，变相克扣合同款项。三是供应链金融普惠性不高。目前宜昌专业供应链金融公司在给中小民企提供融资方面仍存在局限性。2023 年，宜昌市中小微企业通过中征平台（中国人民银行建设的应收账款融资服务平台）开展的应收账款融资额仅有 197.17 亿元。

三、优化民营经济营商环境的建议

（一）创新完善高规格的多跨协同工作机制

一是健全市四套班子主要领导带头恳谈机制。建议每月一个工作日由市委书记带头，市人大常委会、市政府、市政协主要领导轮流召开政企恳谈会，县市区同步开展，聚焦民企家"急难愁盼"问题设置恳谈主题。完善市领导、市直部门、各县市区联系服务民企机制，党员干部常态化联系服务"四上"民企，为民企配备"一对一"服务专员。二是推动政务增值服务。建议市委明确一家主责单位牵头，梳理汇总各层级支持民企发展的各类政策，统一形成民企发展"政策包"，同时对民企发展问题"一个口子受理、一个口子协调、一个口子反馈"，构建"交办—办理—回复—评价"涉企问题高效闭环解决机制，落实从"一件事向一类事"转变的要求。

（二）深化改革不断优化营商环境

一是增强民企科技创新能力。借鉴《温州市民企科技创新促进条例》，出台

《宜昌市民企科技创新促进条例》。推进以企业为主体、以高校院所为依托，聚焦产业创新能力提升，积极构建研发平台，推动关键性、基础性和共性技术研发。积极支持民企开展关键核心技术攻关，面向宜昌市主导产业集群，市本级和县市区二级联动实施重大科技项目。二是完善民企融资支持政策。引导金融机构创新年审制贷款、循环贷款、无还本续贷等还款方式，实现贷款到期与续贷无缝对接，增加民企贷款投放比重，并设定具体目标和增长率，强化奖惩考核。扩大应急转贷纾困基金的覆盖面，帮助民企解决短期资金周转困难。支持符合条件的民企利用政府采购合同融资。健全民营中小企业增信制度，推行行政处罚豁免清单，完善信用修复制度。主动对接省政府投资引导基金和省楚天凤鸣科创天使基金，积极谋划设立区域发展基金，支持更多社会资本投向重点产业、关键领域民企。三是解决民企引才用工需求。全面落实人才落户优惠政策。优化人才住房保障政策。提供全方位公共就业服务，推广运用"掌上找工作"平台，为民企提供即招快招的用工服务，搭建 24 小时免费供需对接平台。加大政府对人才培训资助力度。制定针对高级技工的优惠措施。特别是以东部产业新区为重点，市区两级人社部门要组建服务专班专员，提供精准常态服务。积极探索"周末工程师"柔性引才机制，搭建民企"周末工程师人才驿站"。四是支持民企降本减负增效。降低制度性交易成本，推行招投标全流程电子化；依托宜昌城市大脑惠企民生直达智能服务平台推动惠企政策直达快享；深化窗口首席代表服务机制，首席服务员一人受理、全程服务。降低物流成本，规范物流收费，推进多式联运。认真落实减税降费政策，持续降低税费成本。推动金融系统减费让利，降低融资成本。深化电力、水、燃气市场化改革，降低企业用能成本。五是集中整治民企账款拖欠。严格落实《保障中小企业款项支付条例》，依法推动拖欠账款"动态"清零。进一步完善拖欠账款投诉处理和监督机制，及时对恶意拖欠账款案例进行曝光。完善防范拖欠民企账款长效机制，坚决防止边清欠、边拖欠。对出现严重拖欠问题的企业、单位实施联合惩戒措施。

本文系宜昌市 2024 年度社科重点课题《优化宜昌民营经济营商环境研究》（ysk24zdkt014）研究成果。

（撰稿：市人大财政经济委员会）

（课题组成员：丁庆荣、袁正泉、姚定清、胡舟、李见顺）

民营经济是推进中国式现代化的生力军，是高质量发展的重要基础，而营商环境是民营企业健康发展和民营经济发展壮大的重要载体和有力保障。本课题以宜昌市在优化民营经济营商环境过程中遇到的"五难"困境展开思考，从有为政府和公平市场这两个政府优化民营经济营商环境的政策着力点入手，紧扣省委、省政府关于宜昌创建湖北省优化民营经济营商环境先行区的定位，提出了优化民营经济营商环境的"宜昌"模式。课题成果被宜昌市优化营商环境领导小组办公室采用。

关于提升宜昌城区人口集聚能力的思考

宜昌市人民政府研究室

当前，我国人口结构问题日益凸显，呈现出晚婚晚育化、少子化、老龄化及区域人口增减分化等特征，对消费能力、社会活力、经济增长等带来负面影响。位于中部地区的宜昌，近年来生育率持续降低，老龄化问题日益加剧，人口问题已成为制约经济社会高质量发展的重要因素。本文从提升宜昌城区人口集聚能力角度出发，在调研基础上形成此报告。

一、宜昌人口发展面临的突出问题

1. 从总量看，宜昌人口总规模偏小、城区人口占比较低。"七普"数据显示，宜昌总人口为389.64万；与同在中部的洛阳、岳阳、南阳、襄阳相比，差距在100万以上。2023年，宜昌GDP总量已达到5756亿元，在中部6省城市中排名第7位，宜昌总人口规模与地方发展定位极不匹配。2023年，全市常住人口392.3万，其中主城区人口160.48万，占比41%。总人口规模偏小直接影响城市能级，与宜昌区域性中心城市的发展定位不匹配。

表1　宜昌与部分中部同类城市"七普"人口数据和GDP对比（单位：万人、亿元）

城市	常住人口	城区常住人口	GDP（2023年）
宜昌	389.64	158.72	5756
襄阳	526	232	5843
洛阳	705	257	5481
南阳	971	261	5913
岳阳	505	134	4841
太原	530	452	5573

2. 从结构看，人口自然增长率逐年下降，老龄化程度高于全国全省。2016 年实施全面两孩政策以来，宜昌出生人口在 2017 年形成小高峰，人口出生率为 9.58‰，随后人口出生率逐年下降。近三年来，宜昌人口出生率分别为 4.80‰、4.30‰、4.2‰，明显低于全国、全省水平（2023 年全国 6.77‰、全省 5.48‰），宜昌人口出生率已经连续 20 年在湖北省排名最后。2022 年，宜昌人口增长率 –2.40‰，率先进入人口自然增长由正向负的拐点期。目前平均每 4 个宜昌人中就有一个 60 岁以上老人。预计 2026 年宜昌老年人口将超过 30%，进入重度老龄化社会。

表 2　　　　宜昌与全国全省及部分同类城市"七普"人口年龄结构比较

年龄	宜昌	湖北	全国	襄阳	洛阳	南阳	岳阳
0 ~ 14 岁（%）	11.72	16.32	17.95	17.43	20.85	26.23	18.46
15 ~ 59 岁（%）	63.33	63.26	63.35	61.87	60.84	54.99	61.27
60 岁及以上（%）	24.95	20.42	18.70	20.70	18.31	18.79	20.27

3. 从流向看，主城各区之间增长不均、农村人口转移趋势明显。根据近 5 年流入人口数据来看，省内各地是宜昌流入人口的主要来源，占比接近一半，其他重要人口来源地是重庆、河南、四川、湖南。根据社区网格数据统计，2023 年，宜昌市主城区流入人口 5.5 万。流入人口中，2.18 万人来自宜都、枝江、当阳、长阳等地周边县市，占比近四成，人口呈现从农村向城镇单向流动。

表 3　　　　　近 5 年市外流入人口主要来源情况（单位：人）

来源地区	数量	占比
市外流动人口总数	159450	—
湖北其他地区	74705	46.85%
重庆	19651	12.32%
河南	8657	5.43%
四川	7626	4.78%
湖南	6956	4.36%
广东	3296	2.07%
省外其他地区	38559	24.18%

综上分析，可得出以下基本结论：一是宜昌破解人口问题已经迫在眉睫。宜昌正处在高质量发展的关键时期，但无论是城市总人口还是主城区人口，与省委、

省政府对宜昌的期待和要求都有距离，也与经济社会发展的需求差距明显。二是实现人口增长必须采取强有力的干预措施。目前宜昌人口自然增长已呈现负增长，机械增长动力不强，在人口问题上再也不能"自然生长""无为而治"，必须依靠强有力的行政手段、政策工具，将人口"扭亏为盈"。三是周边区域的劳动力资源存在挖潜空间。渝东、湘西、鄂西、江汉平原乃至川东、豫南等周边区域城市能级和吸引力均弱于宜昌，区域内劳动力储备量较大且外出务工情况较为普遍，是较为理想的辐射区域，若能充分地加以利用，有望早日形成区域"小虹吸"。

二、制约宜昌城市人口的主要因素

（一）青年婚育意愿下降

2023年上半年，男性平均初婚年龄30.7岁、女性28.2岁，相比2016年男性28.4岁、女性25.68岁，平均初婚年龄持续走高。宜昌市卫健委生育意愿调查显示，不打算生育或不打算再次生育的样本中，有81%选择原因在于经济负担重，67%选择原因在于教育成本高。生活、住房、养老、医疗等直接成本逐年增加，独生子女大妇"四二一"家庭结构养老负担重，经济压力大，导致养育一个孩了成本较高。宜昌市城镇家庭养育一个孩子0~17岁的平均成本为63万元，农村家庭养育一个孩子0~17岁的平均成本为30万元。在住房成本上，宜昌房价也较高，2023年宜昌市主城区房屋均价在8216元/米^2，绝大多数家庭有房贷，较高房价也制约了青年男女婚育意愿。

（二）城市功能配套有待优化

交通方面，职住分布极不均衡，潮汐式交通特点明显。教育方面，民办幼儿园收费高，公办幼儿园又供给不足，城区幼儿园民办占67%，公办仅占33%；高校专业设置与地方经济发展不相适应，三峡大学（重点是水利水电工程专业）、三峡职院（重点是医药卫生专业）、三峡旅游职院（重点是学前教育专业）优势专业与宜昌重点产业关联度都不高。文体方面，文体服务设施面积局促，活动场地覆盖不全，文体设施数量品类单一，难以充分满足青年人文化体育活动需求。养老方面，宜昌养老机构护理型床位占比32%，远低于国家要求的占比达到50%的标准。

（三）高校毕业学生留宜比例较低

宜昌本科院校数量少，现有6所全日制高校（2所本科，4所专科），与荆州7所（3所本科、4所高职）、十堰6所（5所本科、1所高职）存在一定差距。近三年，5 所在宜高校应届毕业生留宜率为 30% 左右（2022 年，三峡大学 28.9%，三峡大学科技学院 28.4%，湖北三峡职业技术学院 37.9%，三峡电力职业学院 26%，三峡旅游职业技术学院 39.8%）。毕业生普遍反映，宜昌优质企业数量不多、薪酬水平不高，就业承载力和职业发展空间相对较弱。近两年外出从业人员（离开常住地，包含到其他县市区从业）均超过 69 万人，市外从业人员（离开宜昌市从业）均超过 40 万人，占比 60% 左右。

（四）关心关爱人才还需跟进

通过近 3~5 年青年群体离职情况调查发现，青年离职影响因素排名前五位的分别为收入水平、交通出行、婚恋交友、政策落实和功能配套。除去"五险一金"，专科生、本科生、研究生每月实际到手工资约为 3000 元、5000 元、7000 元，预期收入与实际收入差距 2000 元左右。曾在伍家岗工业园区、猇亭区工业园、夷陵区东城实验区工作过的离职青年普遍反映，公交站距离单位较远、公交站等车时间较长。还有青年反映，上班期间工作压力较大，经常加班，根本没时间谈恋爱、成家立业；人才政策方便获知程度还不够，租房补贴政策审核周期长、需要提交的资料太多。

三、解决宜昌人口问题的措施

为加快实现人才人口集聚战略目标，以武汉都市圈、成渝地区双城经济圈为依托，以渝东湘西、川东鄂西、江汉平原为重点，采取"住房补、学生引、产业聚、工程留、医教吸、公服稳"等综合措施，着力稳住现有人口、集聚外来人口、增加回流人口，加快人口向城区集聚。力争到 2035 年，全市人口规模达到 500 万，主城区人口达到 300 万。

（一）升级住房补贴，保障一批人

全面落实降低购房门槛、推进住房"以旧换新"等楼市新政，以降低落户门槛、提供购房补贴等优惠政策吸引人才、留住人才。比如对生育二孩及以上家庭给予购房定额补贴，对新就业无房的高中及以上学历毕业生、稳定就业外来务工人员承租市场化租赁住房的，给予租房补贴。加快发展保障性租赁住房，着力解决新市民、青年人住房困难，支持、鼓励市场主体参与保障性租赁住房的建设和运营管理，在保障性住房分配中，同等条件下优先保障多孩家庭。简化新就业毕业生租房补贴申报要求，降低青年人才驿站的政策门槛。

（二）推进产教融合，培育一批人

高标准规划建设宜昌科教城，加快湖北航空学院、三峡大学科技学院转设校区、三峡职院新校区建设，扩大宜昌市现有高校招生规模。围绕本地产业需求，指导职业院校制定专业建设规划，定期发布全市《职业院校专业与产业契合度调研报告》，明确长线与短线专业、重点与特色专业、升级与淘汰专业。支持产业链龙头企业与在宜高校院所、职业学校共建产业急需专业学科和实训基地，定向培养、吸纳人才和技术工人，推进在宜高校、职业学校围绕产业需求优化调整专业设置，提高本地毕业生留宜率。持续加大"1+4"人才政策宣传力度，简化各类求职就业手续，让大学生们感受到宜昌的"诚意"。

（三）提升产业承载，凝聚一批人

围绕加快构建"12520"产业发展体系，打造现代化工新材料、生命健康、新能源及高端装备、大数据及算力经济、文化旅游"3+2"主导产业，做好产业发展人才供需预测和培养规划，推动人口集聚与产业高质量发展良性互动。大力发展现代金融、现代物流、检验检测、研发设计、人力资源等服务业，培育枢纽经济、数字经济、会展经济、总部经济、楼宇经济等业态，依靠新产业、新业态吸纳更多就业人口和从属人口。以优化营商环境、创新创业扶持政策为引领，提升完善创业孵化基地、返乡创业园和众创空间等载体功能，优化创业生态，吸引各类市场主体、青年大学生和各类创新创业人员加速聚集。同时，完善东部产业新区功能配套，补齐交通设施、医疗服务短板，提升企业职工满意度，实现"人产城"深度融合。

（四）依托重大工程，吸引一批人

建设三峡水运新通道是继葛洲坝、三峡大坝建设后，宜昌城市提级、产业提质、物流提速的又一重大历史机遇。建设预计将带来1.5万人的用工需求，从人财物到各种生产要素，都将在宜昌大聚集、大协作、大配套。抢抓三峡水运新通道、引江补汉、高速高铁等工程建设机遇，主动对接项目业主和施工总承包单位，服务外来务工人员在宜安居乐业，促进工程移民在城区落户就业。在城区规划区划定安置区，出台房票补偿政策，鼓励搬迁群众以购买商品房形式在城区聚集，吸纳库区转移人口。给予高铁新城产业园、东部未来城产业园区内企业一定补贴，吸引搬迁群众到新城就业创业。

（五）完善城市功能，留下一批人

把城市空间生产逻辑调整到以人为中心，围绕城市品质提升和功能完善，适应人的消费需求变化，加快精神、文化消费和体验消费、时尚消费等城市新场景打造和新业态培育，完善游客服务中心、博物馆、美术馆、公共图书馆、文化馆（站）、户外体育设施等公共配套设施，加快托幼、中小学、医院等公共服务配套升级，增强区域辐射力和影响力。高起点建成城市新中心起步区、城市中央绿心、高铁新城，围绕西坝不夜岛、环城南路、二马路历史街区、沿江景观带等重点区域，打造各类新潮、时尚、特色的休闲娱乐、文化消费场所，规范发展夜经济、马路经济、后备厢经济，丰富生活消费场景。深度挖掘三峡大坝、屈原、昭君、精细磷化中心、长江钢琴、山楂树之恋等世界级地理、文化、名人、产业和事件IP，以大流量、高热度的爆款产品和品牌化、常态化的持续营销，带动宜昌城市"出圈"，加速聚集城市人气。

（六）优化人口政策，感召一批人

针对育龄群体，加快出台鼓励生育的综合激励政策，通过发放生育补贴、发展普惠托幼服务体系、完善教育医疗配套服务等有效措施，强化生育观念引导，逐步扭转人口出生率低的不利局面。针对新就业劳动人口，积极提标就业政策，建立以社会保障、技能培训、子女教育、保障性住房、最低工资制、劳动环境和劳动保护制度、社区融入等为主要内容的城市包容度指标体系和城市流动人口政策体系，推动劳动力人口先流入、再落户。针对重点区域人员，推进引人措施，面向渝东湘西、川东鄂西、豫南片区常态化开展招生、招才、招工活动，定向招引吸纳该区域劳动力资源；面向荆州、荆门及江汉平原重点城市深化产业和基础人才交流合作，支持鼓励产业链重点龙头企业通过直接投资、设立分支机构、与当地高校科研院所定向合作培养等方式，打造产业技术人才、骨干人才引进的"桥头堡"；面向武汉都市圈、成渝经济圈持续开展高端人才需求、文化旅游、宜居环境等宣传推介，招引"一人兴一业、一人兴一城"的产业领军人才和其他高层次人才。针对农村地区，完善农业转移人口市民化机制，维护进城落户农民土地承包经营权、宅基地使用权、集体收益分配权，加强就业创业培训服务，加快形成以工促农、以城带乡、城乡互补、共同繁荣的新型工农城乡关系。

四、对当前人口政策的思考

2010年以来，严格的生育控制政策越来越不适应人口形势的变化，党中央、国务院审时度势，多次对计划生育政策进行调整优化，相继实施了"双独二孩""单独二孩""全面二孩""全面三孩"政策。2019年至2023年，全国每年出生人口分别为1465万、1200万、1062万、956万、902万，人口出生率分别为10.48‰、8.52‰、7.52‰、6.77‰、6.39‰。历次生育政策的调整只带来了生育水平短暂和微弱的提升，人口生育率下降的趋势并没有得到根本扭转。对当前人口政策，本文有如下思考：

一是探索发行超长期人口国债。人口问题不单纯是数量问题，本质上是人口与经济、社会、资源、环境关系的综合问题。通过发行超长期人口国债，用于支持生育奖励、托幼设施建设、补贴雇佣生育女性的企事业单位等，既能一定程度上降低生育、养育、教育成本，促进生育率回升，也有利于拉动消费和投资，促进经济长期回升向好。根据OECD（经合组织）国家支持生育政策实践，通过政府新建托幼机构和鼓励私营托幼机构发展提升生育率，2020年OECD国家0~2岁入托率平均36%，入托率越高、生育率越高。国家卫健委发布数据显示，我国有超过三成的婴幼儿家庭有托育需求，但入托率仅为5.5%左右，仍有较大潜力和空间。

二是构建生育友好文化。当前，不婚、丁克等亚文化在社会上传播，多子女家庭、兄弟姐妹互助事例少有宣传，第一代独生子女形成的少生不生等观念亟须改变。要加强政策宣传解读，引导社会各界正确认识人口的结构性变化，及时妥善回应社会关切，营造良好氛围。要弘扬中华民族传统美德，尊重生育的社会价值，提倡适龄婚育、优生优育，鼓励夫妻共担育儿责任，破除高价彩礼等陈规陋习，构建新型婚育文化，以人口高质量发展服务中国式现代化。

（执笔人：曾锐）

人是生产力中最活跃的因素，在技术进步、生产力提高的时代，人口不仅是资源的消耗者，也是资源的创造者。本文立足宜昌当前所面临的人口形势，深入分析宜昌人口发展面临的突出问题及制约宜昌城市人口的主要因素，并从提升宜昌城区人口集聚能力角度提出解决宜昌人口问题的措施，数据翔实具体，对策具有针对性和操作性，对宜昌引人聚人具有重要参考意义。

打好低空经济卡位战，抢占万亿蓝海新赛道

中共宜昌市委党校、三峡航空学院联合课题组

2024 年，低空经济被首次写入国务院政府工作报告并纳入新质生产力范畴，被称为"低空经济元年"。低空经济短期有政策，中期有进展，远期有空间，有望成为拉动地区经济增长的新引擎。

一、万亿蓝海有什么？

截至 2023 年底，中国低空经济规模超 5000 亿元，2025 年预计达 1.5 万亿元，2035 年有望达 3.5 万亿元，万亿蓝海赛道应运而生。

有中央的政策加持。国家陆续出台多项利好政策（表 1），鼓励低空经济发展与创新。《国家综合立体交通网规划纲要》把"低空经济"概念首次写入国家规划。《无人驾驶航空器飞行管理暂行条例》标志着我国无人机产业进入"有法可依"的规范化发展新阶段，进一步刺激了低空经济的发展。《通用航空装备创新应用实施方案（2024—2030 年）》从深化重点领域示范应用、推动基础支撑体系建设等五大领域提出 20 项具体任务。还有，《"十四五"民用航空发展规划》《"十四五"通用航空发展专项规划》《低空飞行服务保障体系建设总体方案》等，为低空经济发展创造良好政策环境。在政策加持下低空产业发展迅猛，2024年上半年全国新注册无人机将近 60.8 万架，较 2023 年底增长 48%；飞行小时数达 981.6 万小时，较去年同期增加 13.4 万小时。

表 1 低空经济产业相关政策

文件 / 会议名称	主要内容	发布日期	发布单位
国家综合立体交通网规划纲要	首次提出发展低空经济	2021 年 2 月	中共中央、国务院
无人机驾驶航空器飞行管理暂行条例	自 2024 年 1 月 1 日起施行，规范无人驾驶航空器飞行以及有关活动	2023 年 6 月	国务院、中央军委

文件/会议名称	主要内容	发布日期	发布单位
2024年国务院政府工作报告	积极培育新型产业和未来产业，积极打造生物制造、商业航天、低空经济等新增长引擎	2024年3月	国务院
通用航空装备创新应用实施方案（2024—2030年）	到2030年通用航空装备全面融入生产生活各领域，成为低空经济增长的强大推动力，形成万亿级市场规模	2024年3月	工信部、科技部、财政部、民航局
中央经济工作会议	将低空经济明确为国家战略性新兴产业	2023年12月	中共中央
绿色航空制造业发展纲要（2023—2035年）	到2025年，使用可持续航空燃料的国产民用飞机实现示范应用，电动通航飞机投入商业应用……到2035年，新能源航空器成为发展主流	2023年10月	工信部、科技部、财政部、民航局
"十四五"通用航空发展专项规划	到2025年无人机企业、无人机飞行小时数、无人机驾驶员执照持有数均大幅增长等，将制定无人机运行管理技术发展路线图，发布中国民航无人机发展战略	2022年2月	民航局

有庞大的产业生态。低空经济涉及领域多，产业链条长，横跨一、二、三产业，技术密集和资本密集兼具，存在三层万亿元发展空间：一是促进轻小型固定翼飞机、民用直升机、无人机、eVTOL（电动垂直起降航空器）等低空飞行器制造发展，培育更加丰富的低空应用场景和服务新业态，核心产业规模成长空间过万亿元。二是拉动以通用机场、直升机起降点（场）、低空基础设施等相关产业链上下游投资空间过万亿元。三是以制造创新协同促进科技服务发展，服务模式延展促进空中交通运输发展和飞行体验促进消费变革等各类经济活动，间接拉动经济增长的潜力空间过万亿元。

有丰富的应用场景。低空经济目前已经进行商业化探索的应用场景有物流、旅游、农业、消防、巡检等。比如，2023年4月美团无人机上海首条常态化商用航线在金山区正式运行，"无人机送外卖"成为商业常态；湖南省已将低空经济融入旅游业，立足打造"大湘南"山地与航空运动产业集聚区。随着低空经济不断发展，"低空经济+"应用场景将向新型消费、空中交通、智慧文旅、智慧城市等新业态不断拓展。比如，空中交通方面，可探索在机场、铁路枢纽、港口枢纽、核心商务区等开展低空飞行联程接驳应用；智慧城市方面，可探索低空飞行在国土资源勘查、工程测绘、农林植保、环境监测、警务活动、交通疏导、气象监测等方面的应用。

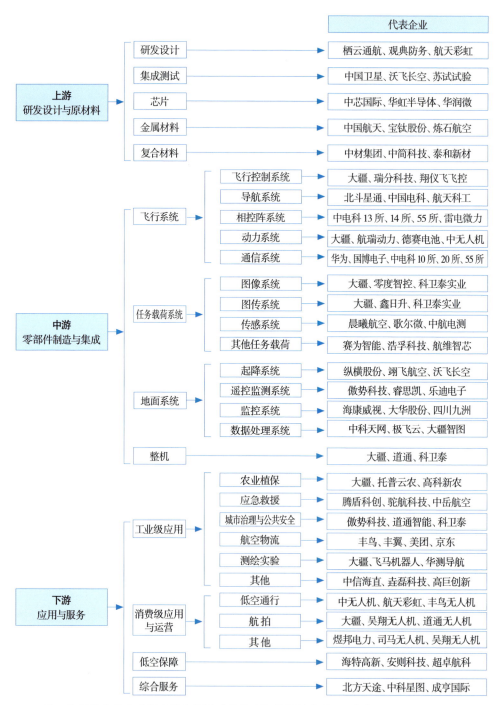

注：此图表来源于《城市低空经济"链接力"指数报告（2024）》

图 1　低空经济产业链图谱

有资金的追捧青睐。低空经济领域投融资活跃，特别是无人机、eVTOL 企业成为投资热点。据统计，2024 年上半年低空飞行器领域发生 19 起投融资事件，超 70% 投融资项目投向无人机企业，包括无人机整机、系统及零部件制造商各个环节，其中沃兰特、卓翼智能、星逻智能、特金智能等多家企业分别完成亿元级别的融资。资本市场活跃的同时，多地接连出台政策举措。比如，四川省明确"省级财政安排 2 亿元资金专项支持低空经济发展""优先支持符合条件的项目申报地方政府专项债券"；武汉市"对新获批的低空经济领域国家级产业创新中心、技术创新中心、工程研究中心，给予 1000 万元资金支持"。

二、群雄逐鹿拼什么？

如地面路网曾催生变革一样，低空经济的未来孕育着无限潜力。各城市密集出台行动方案，竞逐"低空经济第一城"。

拼顶层设计。政策先行、规划引领，为低空产业发展保驾护航。29 个省（自治区、直辖市）将"低空经济"有关内容写入 2024 年政府工作报告；近 20 个城市发布促进低空经济发展实施方案、行动计划或相关征求意见稿（表 2）。深圳起步最早，2022 年以来连续三年出台三大文件，其中《深圳经济特区低空经济产业促进条例》是全国首部低空经济产业发展地方法规。芜湖发布《低空经济高质量发展行动方案（2023—2025）》提出，到 2025 年底低空经济企业数量突破 300 家，规模达 500 亿元。长沙县长沙经开区发布全国县级首个低空经济三年行动计划，提出到 2026 年底低空经济产值达到 500 亿元。

表 2　　　　　　　部分城市低空经济发展行动方案或若干措施

城市	发布日期	文件名称	重点内容
芜湖	2023 年 1 月	芜湖市低空经济高质量发展行动方案（2023—2025 年）	到 2025 年，低空经济相关企业数量突破 300 家，其中龙头企业超过 10 家，"专精特新"企业、高新技术企业数翻一番，低空产业产值达到 500 亿元
广州黄埔区	2023 年 10 月	广州开发区（黄埔区）促进低空经济高质量发展的若干措施	支持建设低空飞行器应用验证场地，对获得空域批复，提供公共服务的本区低空飞行试验场的企业，按照每年实际运营费用最高 50% 进行补贴，每年度不超过 300 万元

续表

城市	发布日期	文件名称	重点内容
深圳龙华区	2024 年 3 月	龙华区低空经济试验区 2024 年度建设方案	到 2024 年底,初步建成低空经济先导区。新增 40 个以上低空飞行器起降平台及末端配送设施。力争开通 35 条以上区内无人机航线,载货无人机商业飞行突破 30 万架次 / 年
珠海	2024 年 4 月	珠海市支持低空经济高质量发展的若干措施(征求意见稿)	拟对本地新开设并常态化运营的 eVTOL 载人航线给予补贴;对常态化运营的无人机或直升机跨境客运航线,按照 400 元 / 架次、每家企业每年度不超过 500 万元给予补贴
惠州	2024 年 5 月	惠州市推动低空经济高质量发展行动方案(2024—2026)	到 2026 年建成 200 个以上垂直起降设施,加强起降设施统筹建设、兼容共享、集约利用,形成多场景、多主体、多层次、有人机与无人机兼顾的起降点网络

拼招商引资。支持低空经济重大项目招商落户,配套打造特色产业园区,开启项目争夺战。深圳陆续"拉拢"德国 eVTOL 企业 Lilium、亿航、峰飞航空 3 家低空经济领域明星企业,补齐本地缺少 eVTOL 头部企业的短板。合肥将亿航华东总部纳入囊中。苏州已签约低空经济项目 251 个,总投资超 730 亿元。南京 2024 年 5 月签约产业基金和投资项目 37 个,总投资 306 亿元。芜湖计划新签约总投资 1 亿元及以上项目不少于 20 个。各城市为招引项目出台给地、补贴、免税、奖励、发牌照等促进政策,广开绿灯。

拼基金引育。各城设立规模从 10 亿元至 200 亿元不等的低空经济产业基金,助力低空经济"飞得更高"。比如,广州设立总规模 100 亿元的低空产业创投基金;重庆梁平区组建 10 亿元低空经济产业基金;江西共青城依托共青城私募基金小镇撬动社会资本,组建 50 亿元的低空经济发展专项基金。贵阳、武汉和苏州以基金集群形式设立低空经济产业基金。武汉提出市区共同形成总规模不低于 100 亿元的低空经济发展基金群;苏州 2024 年新签约 16 个低空经济产业基金,总规模超过 200 亿元,属全国最大低空经济产业基金。

拼标准制定。抢占低空经济标准制定,对竞逐"低空经济第一城"至关重要。深圳作为低空经济先行者,成立全国第一家市级低空经济产业协会,并启动深圳市低空经济标准化技术委员会。广州提出参与制定并推动实施海陆空全空间无人体系技术标准,研究制定无人系统接入城市建筑物技术规范。武汉对主导制定并获批准发布低空飞行器产品、低空起降设施、低空运营服务等领域国际标准、国家标准、行业标准、地方标准、团体标准给予奖励。

三、乘风入局凭什么？

市场看好，资本涌入，政策不断加码，标准管理逐渐规范，低空经济发展呈积极态势，宜昌乘风入局有先天优势。

凭强力的政策支持。湖北省积极参与国家低空经济示范区建设，提出"一核三极"辐射联动架构，重点打造以武汉为中心，荆门、襄阳、宜昌为支撑协同发展的低空经济产业格局；《湖北省突破性发展北斗产业三年行动方案（2023—2025）》对宜昌发展低空经济、培育壮大低空经济产业链等提出要求。宜昌制定《北斗规模化应用先行城市建设行动方案（2023—2025 年）》《建设北斗规模化应用先行城市 2024 年度工作清单》，支持将低空服务管控平台、低空基础设施建设、低空经济融合创新示范基地等 9 个项目纳入省级低空经济项目库。

凭坚实的产业底座。eVTOL 供应链端零部件有 70% ~ 80% 与新能源汽车产业重合，另外 20% 则是传统航空器用到的高可靠性零部件。宜昌布局有相关产业基础，在切入低空经济赛道时更有优势。比如，猇亭区凌云民用航空产业园具备"修、造、研、改、教"于一体的航空产业链，斯塔娜航空产业园已建成碳纤维复材螺旋桨生产线、符合航空运动要求的动力伞和三角翼飞机研发和生产线；远安县的湖北航欧新材料、航泰科技、天元新材料、予信天诚新材料，自贸区的长机科技，点军区的墨钜科技等装备制造企业。此外，宜昌汽车产业、航空产业以及新能源新材料等方面优势，为航空技术、汽车产业跨界融合，为推动电动航空发展提供了可能。

凭强劲的算力支撑。低空经济产业应用需要大规模算力支持。宜昌点军区围绕"芯池神网"产业主线，构建以算力为核心、算法为支撑、应用为驱动、智造为引领的数字产业生态；已建成运行中科曙光、中科睿芯、燧原科技等共 605P 算力，加快建设阿里云融合算力创新中心、万界异构算力池，重点推进骋风而来 48000P 融合算力、华云算能枢纽中心 20000P 市场算力、国家超算宜昌中心等项目，全力打造华中规模最大、类型最全的综合算力集群；已建成北斗时空大数据底座、北斗时空融合编码（中部）中心 2 个北斗产业底座，为低空经济导航通信奠定了基础。

凭多元的应用实践。2015 年宜昌就开始布局临空经济，《宜昌市通用航空产业发展及通用机场布局规划（2015—2030 年）》布局枝江、长阳磨市、五峰长乐坪、兴山榛子乡、夷陵区百里荒、秭归云台荒六大通用机场，为低空经济发展提供了基础设施保障。从"临空经济"到"低空经济"，宜昌基层社会治理、乡村振兴、文化旅游、医疗救援中有很多应用。比如，秭归县柑橘飞防、鲜果运输实现无人机作业，夷陵区百里荒风景草原区、秭归县离地休闲运动小镇水田坝乡开发了滑翔伞项目，"长江十年禁渔"实现无人机实时监控执法，宜昌中心医院开通"空中生命线"等。

凭较强的育才优势。宜昌有三峡大学、三峡航空学院、三峡职业技术学院等高校，其中三峡航空学院作为省内唯一一所航空类高校，已成立低空经济课题组，集结校内专家学者，从技术研发、专业设置、人才培养、校政企合作等各方面服务于本地低空经济产业发展。宜昌海航航校是国内仅次于中国民航飞行学院的第二大培训机构，是全国培训资质最全的航校之一。这些高校在航空技术研发、人才培养等方面具有很强实力，可为宜昌低空经济发展提供源源不断的育才支持。

四、抢滩卡位干什么？

空地协同打造天空之城。发展低空经济就是把"路"建在低空，实现空中开"车"，让产业因"路"而兴，要依赖空中基建与地面基建的融合发展。应加快推进长阳磨市、五峰长乐坪、兴山榛子乡、秭归云台荒等通用机场建设，完善枝江、夷陵区百里荒等通用机场以及三峡游客中心、清江画廊、大老岭等起降场功能。低空经济将重塑城市空间格局，在当下城市规划和城市更新中应预留无人机基础设施，保障各类无人机起降、备降、停放、试飞、充电、维保等，为下一阶段低空产品和服务的民用化普及、多元化应用预留发展空间。

南北联动构筑产业高地。各式航空器开展飞行活动构成了低空经济的核心活动。可以猇亭、点军为中心，南北联动推进航空制造业、飞行服务业双轮驱动低空产业发展。江北依托航空制造业基础，重点加强整机项目的招引合作，发展无人机整机制造、关键零部件制造等产业，带动电机、电池、复合材料等产业发展。低空越是"车水马龙"，"空中红绿灯"就越重要，以江南打造低空飞行数字底座，为各类应用场景提供大数据存储、地理信息采集处理、低空大数据人工智能开发应用等服务，为空域划设、航线划设、飞行评估等提供动态数据保障。

供需对接拓展应用场景。应用才有价值，不断拓展应用场景是发展低空经济必由之路。宜昌丘陵地带较多、景点丰富且分散，江面等候过闸船只密集，三峡水运新航道开工在即等，为低空飞行提供了丰富应用场景，可发展无人机物流配送、航运补给、工地巡检、长江巡查、空中吊装、农林植保等。应培育低空思维，主动发掘应用场景，在生态环保、医疗救护、消防救援、交通治理、城市管理等重点领域，打造示范应用场景并复制推广。鼓励企业充分利用宜昌山水资源，探索开发航空运动、空中观光、航拍航摄等特色低空项目，打造商业消费新场景。

产教融合夯实人才基础。把低空经济人才纳入全市重点产业专业人才需求目录，加大招才引智力度；支持三峡大学、三峡航空学院等高校加强低空经济相关专业学科建设，深化产教融合，培养产业发展急需的专业人才；依托宜昌市青年夜校增设低空技术常规应用培训，培养无人机飞手、eVTOL 驾驶员、超清全景地图制作、无人机测绘等一批实用型技能人才，形成多层次的低空经济人才矩阵。依托三峡航空学院既有专家团队，创设"低空经济研究院"，围绕低空经济政策研究、科学研发、成果转化、产业孵化及人才培养，打造低空经济领域高端智库平台。

（课题组成员：邹青松、何迪、张志勇、李方芳、余学琼；执笔人：李方芳）

低空经济是以低空空域为依托，航空器为主要载体，涵盖载人、载货等各种低空飞行活动的综合经济形态。低空经济科技含量高、产业链条长、成长性和带动性强，是新质生产力的典型代表，也是培育发展新动能的重要方向。本文系统总结低空经济的政策支持、产业生态、应用场景、资金投入等方面的发展前景，分析国内各地竞逐"低空经济第一城"所采取的措施，厘清宜昌在发展低空经济方面所具备的优势，并提出意见建议。

抢抓三峡水运新通道建设机遇
打造"长江船员城"

长江三峡通航管理局课题组

宜昌是长江经济带重要航运节点，每年约有 5 万艘次船舶、50 万人次船员过闸，每航次平均待闸时间达数天。随着三峡水运新通道项目开工建设，届时会对通航效率产生一定影响，待闸船舶数量和时间会有所增加。如何抓住这一大波"流量"，促进船员群体上岸消费甚至落户宜昌，是值得思考的问题。

课题组深入宜昌港口码头现场调研，发放问卷 3000 余份，并前往镇江、太仓、南通等地及中国北方海员服务产业园、中国航海协会等走访考察，全方位调查研究长江船员及水上相关从业者安家落户和上岸需求、困难及对策，吸收外地经验，提出将宜昌打造成充分满足船员群体职业需求的"长江船员城"，促进宜昌人口集聚、产业发展与城市能级提升。

一、发展背景：做大长江航运枢纽经济，宜昌具有得天独厚的优越条件

（一）宜昌地理条件优越，现已成为长江黄金水道上船舶补给和船员生活的重要驿站

截至 2023 年底，宜昌市拥有水路运输企业 104 家，经营性船舶 425 艘、总载重 176 万吨，运输规模位居全省第二，仅次于武汉。宜昌航运业发展水平进入长江沿线城市第一方阵，枢纽地位凸显、航运产业链齐备完善、航运服务环境优质、港航经济快速发展，成为长江三峡待闸船舶船员的服务保障需求地。

（二）三峡水运新通道建设为宜昌经济社会发展带来历史性机遇

三峡水运新通道建设期间，服务船员群体上岸补给，培育发展相关配套产业及设施，将缓解因船舶待闸时间较长而给船方带来的待闸焦虑情绪，有助于将常年经停宜昌的船员群体从"流量"转化成"留量"，促进船员等水上相关从业者

从经宜消费、在宜工作到落户宜昌，带动航运产业经济发展。传播"长江船员城"品牌，不断吸引更多船员、航运企业等落户，并随着船行天下将持续广泛地推广宜昌城市名片。项目建成之后，三峡水利枢纽通航能力大幅提升，通过宜昌的船舶及船员数量将随之增加，建设"长江船员城"可避免宜昌成为"过路站"。

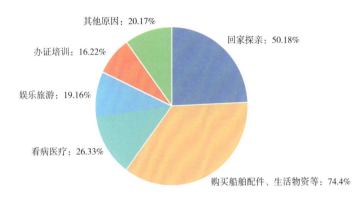

图 1　船员在宜上岸原因分析

（三）在宜待闸船员上岸意愿强烈

每航次一周左右的待闸时间，让宜昌成为船员落户安家的理想之地。船员在船工作期间，存在着消费购物、船舶维修、治病探亲、考证培训等强烈需求。5万艘次船舶，按照平均一条船舶在宜昌消费 5000 元（船舶配件 + 生活物资 + 船员购物）计算，保守测算年消费 2.5 亿元。

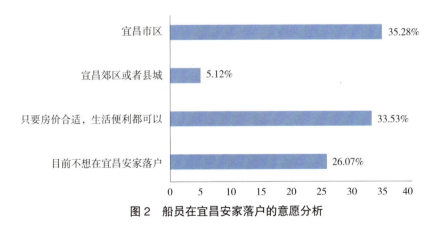

图 2　船员在宜昌安家落户的意愿分析

抽样显示，目前外地船员在宜昌安家的比例仅约 5%，但有 70% 以上船员表示在条件允许的情况下，愿意在宜昌安家定居。相对于其他人群，船员群体工作期间本就四海为家，安居兴业无需政府额外提供就业岗位。此外，船员群体中的主流为已婚船员，一人带动可牵动一家人来宜，如果将外地船员在宜昌安居比例扩展到 60%，有望吸引来 2 万多名过闸船舶船员在宜昌安家落户，按照一家五口人计算，有望给宜昌带来 10 万以上人口。

二、调研分析：聚焦船方"急、难、盼、愁"问题，为宜昌留人聚人

（一）多种因素交织让在宜待闸船员上岸困难

一是当前在宜水域船舶及船员管理规则对船员上岸不够友好，缺乏支持船员上岸的服务机制，交通船收费高、班次少，如宜昌古老背待闸锚地水域。二是锚地缺乏公交站点，船员配套服务不够集中，船员上岸后到市区购物消费不便，辗转交通费用较高。三是地方政府与长江航运管理机构在航运服务方面合作机制不够完善，管理职能交叉，缺少合力。

（二）宜昌对于航运企业及航运从业者的吸引力相较之前有所降低

宜昌城市对于航运企业及航运从业者的吸引力相较之前有所降低，部分航运企业如亲河船务有限公司离开宜昌发展，究其原因：一是在宜昌安家的船员减少，而在重庆奉节、云阳等地等待调度计划期间上岸较为方便，在奉节和云阳等地安家的船员数量呈现增多趋势；二是宜昌对航运企业的政策支持力度相对于重庆、武汉等地仍有不足；三是宜昌船员培训机构服务仍需提高，教学质量有待加强。相对于荆州、万州等地，宜昌本地机构不够重视，投入不足，船员不得不花费更多费用到外地培训；四是宜昌本地大专院校尚无轮机、驾驶等水上专业教育，本土培养乏力。

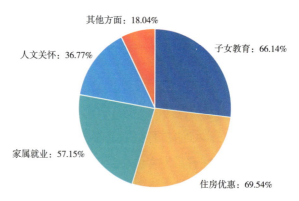

图 3　船员在宜安家希望政府提供的支持分析

（三）宜昌航运产业集聚不足，航运服务优化不够

对在宜过闸船员来说，宜昌虽然宜居，但对于船员职业发展并没有明显优势，一是配套服务不够，教育、医疗、养老等存在诸多困难；二是产业集聚不足、船员职业发展受限，在考证培训、船舶维修、转型发展等方面存在诸多不便；三是长江船员缺少社会关注，职业保障和荣誉感不足、社会参与不多。

三、建议举措：以猇亭区为试点探索"长江船员城"建设

（一）为长江船员上岸解决"最先一公里"问题

1. 提供更便利的公共交通服务

政府加大"交通船"补贴投入，合理设置班次，进一步降低收费标准，更好解决看病就医、出行购物等难题；在待闸锚地增设公交站点，组织交通部门调研船员上岸点，提供更便利的公共交通；提供公共交通优惠服务，船员凭船员服务簿及有效的船员适任证书，免费或打折乘坐市内公交；优化待闸船舶管理，建立支持船员上岸的服务机制。

2. 建立船—岸综合服务区

在锚地附近建设完善生活超市、医疗看病、便捷酒店、快递物流、文化宣传等场所，打造"船员幸福小站"；探索设立港口保税区、免税店等；设立船员证件办理等政务窗口，为上岸船员提供配套服务；设立船员廉租房，方便船员家属来宜昌与待闸船员相聚；设立流动党支部，方便船员党员与党组织联系；建立与海事、港航等部门的合作机制，共同推进船—岸综合服务区的安全管理工作。

3. 打造文化地标，吸引文旅打卡，增强职业荣誉感

丰富航运文化地标，打造船员主题公园，如在猇亭灯塔广场增设"郑和雕像""新中国75周年75位优秀船员展览"等船员航运文化元素，吸引船员和游客在此拍照留念；提供文旅优惠服务，在宜昌博物馆、文化馆中增加航运元素、船员元素；定期举办长江船员技能大赛、长江船员运动会等。

（二）打通服务船员的"最后一公里"回家路

1. 打造"三区两园"未来长江航运产业门户园区

尽快择址建设长江服务产业园区。长江服务产业园区立足宜昌，服务"长江经济带"，辐射全国，定位为"三区两园"。即中国长江船员服务示范区、航运服务产业集聚先行区、配套产业高质保障样板区及航运人才信息园、航海科技教

育园。长江服务产业园区以人才链、创新链、产业链协同融合为抓手，以服务船员、促进航运行业健康发展为运营理念，以服务国家重大工程建设为战略牵引，培养一批高素质劳动者，致力于建成未来中国长江航运产业重要门户园区。

2. 建立长江船舶行业产教融合共同体，为打造三峡航运中心夯实产业基础

鼓励湖北三峡职业技术学院、三峡旅游职业技术学院等大中专院校探索开设船员专业教育、职业教育，加强船员考证培训服务，与航运企业和海事部门加强合作，积极构建"产学研用"长效机制，聚焦新产业、新技术、新业态、新模式，最终建成涵盖全行业、跨区域，整合上下游产业链优质资源，服务于行业人才培养与国家经济发展的行业产教融合共同体，为宜昌打造三峡航运中心夯实产业基础，推动产才融合发展。

3. 探索制定相关优惠和激励政策，从"流量"变"留量"

鼓励在宜航运企业为船员群体缴纳住房公积金，相关缴纳公积金企业在税收上可享受一定优惠政策；出台购房优惠政策，船员凭资格证书购房可享受一定的优惠，由航运企业、船员工会途径统一集资购房安居可享折上折等；对在宜航运企业船员，每年船员在水上工作时间达到一定限度以上，可申请减免船员个人所得税或获得有关津贴。

（三）弘扬"开放包容"的宜昌城市精神，让宜昌成为船员群体向往的心灵归属地

1. 营造"重视航运、尊重船员"的文化氛围

引导社会关注关怀长江船员群体，为船员群体在宜昌安居兴业提供良好的社会舆论环境。积极宣传先进典型，引导城市居民以平等、宽容的态度对待长江船员群体，肯定他们为城市建设发展所做的贡献，增进交流互动，提高参与感与获得感。

2. 政府牵头建立"过闸船员工会"，增进长江船员福祉

由相关政府部门、长江航运主管机构、行业组织、航运企业等推动建立"过闸船员工会"，以保障船员利益、增进长江船员福祉为目标，倾听船员声音，集中解决"急难盼愁"问题。

3. 推动宜昌河段船员党建试点工作，凝聚行业合力

由地方政府联合长江航运主管机构，持续深化长航局长江干线内河船员党建试点工作，加强对航经宜昌河段船员党员的管理与关爱，充分发挥船员党员在安

全生产、船舶防污染、政策法规宣传、舆情引导等方面的先锋模范作用。

本文系宜昌市 2024 年度社科重点课题《抢抓三峡水运新通道建设机遇 打造"长江船员城"研究》（ysk24zdkt010）成果。

（课题组成员：陈华、刘海鹰、汪洋、舒冬、谭之亮；课题指导：刘泽豪，中国人民大学财政金融学院副教授）

宜昌是长江"黄金水道"的核心枢纽节点，在三峡水运新通道建设的机遇和背景下，如何抢抓机遇，推动航经宜昌的船员群体上岸消费甚至落户宜昌，是值得思考的问题。本课题聚焦长江船员群体，提出将宜昌打造成充分满足船员群体职业需求的"长江船员城"，将其从"流量"变为"留量"，促进宜昌人口集聚、产业发展与城市能级提升。本课题成果被宜昌市服务三峡水运新通道项目建设指挥部办公室、宜昌市交通运输局、宜昌市住房和城市更新局等单位采用，转化为具体决策，有利于打造引人聚人新载体。

建设新能源材料产业全产业链
助力宜昌高质量发展

朱德明　李立军　曹　红　赵　玮

宜昌市委七届七次全会提出，推动"3+2"主导产业延链补链强链，实现集中集聚发展。依托世界级资源，强化新能源材料全产业链布局，做强现代化工新材料产业，打造高端化、智能化、绿色化的现代新能源产业体系，对促进宜昌市经济社会高质量发展具有重要意义。

一、宜昌新能源材料产业现状

（一）产业优势

1. 资源优势

全市磷矿资源储量 48.19 亿吨，保有储量 43.24 亿吨，占全省保有储量的 54.16%；磷矿伴生氟资源丰富，为发展氟化工、氟材料奠定坚实基础；石墨资源储量约为 2370 万吨，约占全国查明资源储量的 10%，适合于负极材料、石墨烯等高附加值产品深加工；纯镁橄榄石岩资源储量 6 亿吨，居全国现已开发的三处橄榄岩矿脉之首；符合功能新材料的石英砂、高岭土、硅矿、重晶石、石灰石等非金属矿产资源储量居全省前列。

2. 创新优势

全市新材料产业共有国家级企业技术中心 2 家、国地联合工程研究中心（实验室）2 家、省级企业技术中心 8 家、省级工程研究中心 6 家，产业创新能力快速提升。宜昌兴发参与制定了电子级磷酸国家标准，正在牵头制定电子级硫酸国家标准；南玻光电玻璃公司 0.2 毫米光电玻璃达到世界一流水平；戈碧迦光电公司高清成像 H-LaK 类光学玻璃新工艺达到国际主流水平；南玻硅材料公司太阳能级多晶硅材料逐步向电子级多晶硅领域延伸，在国内率先实现小规模稳定生产。

3. 空间布局集中

宜昌严格遵循绿色发展理念，规范园区建设，逐步实现了新材料产业企业向专业园区集中，在园区内部实现原料互供、资源共享、土地集约和污染物集中治理。宜都化工园和枝江姚家港化工园2个专业化工园区入选国家绿色工业园区，枝江姚家港化工园跻身"国家智慧园区试点示范（创建）单位"行列。

4. 项目建设加快

2022年以来，全市新开工新能源新材料项目34个，总投资1059亿元，涵盖动力电池正极材料、负极材料、电解液、隔膜和电池总装等领域。随着邦普、欣旺达、东阳光等新能源材料产业项目陆续投产，标志着宜昌新能源材料全产业链初见雏形。

（二）面临挑战

1. 资源利用不够充分

一方面，尽管宜昌市引进和在建的新能源电池正极材料项目多数依托矿产资源优势建设，但生产用于磷酸铁锂电池正极材料的精制磷酸会产生废渣磷石膏，而长期以来困扰宜昌磷化工产业发展的磷石膏综合利用"老大难问题"始终未得到根本解决。另一方面，尽管宜昌市石墨矿探明储量较大，但由于宜昌市石墨矿体品位不高且开采成本较高，且因技术原因，国内主流负极材料生产主要依赖于人造石墨，宜昌市石墨资源优势暂无用武之地。

2. 空间布局发展受限

相较电池材料产业集群而言，新能源电池总装、终端应用项目及配套项目在空间上比较分散，且三区三线划定后，产业未来发展空间将受限。如欣旺达所在的高新区生物产业园可用工业用地不足1200亩，如果生物产业园进一步引进重大电池总装配套和终端应用项目，产业用地将捉襟见肘。

3. 产业链存在薄弱环节

现有项目多数集中在前驱体、正极材料和电解液等领域。目前开工建设的负极材料、隔膜重特大项目少，仅有冠毓碳新材料、湖北金力等项目，暂无贝特瑞、杉杉股份等行业龙头布局宜昌。同时，由于投资主体及产品供应链不同，宜昌市新能源电池产业链各环节之间并未形成完整的闭环。

4. 辐射带动能力不足

目前新能源电池产业在拓展新能源电池应用场景，向新能源整车、新能源船舶等下游终端产品延伸、拓展、应用还远远不够。例如，三峡氢舟 1 号公务船就是在广东打造，磷矿运输电动重卡需要向东风特汽、三一重工等公司购买。

5.市场竞争日趋激烈

近两年我国新能源新材料产业投资增长迅速，产业链相关企业积极扩充产能，资本加速向该领域涌入，既是巨大机遇，也是极大挑战。据预测，到 2025 年，我国动力电池需求将达到 600GWh，而目前国内头部电池企业规划磷酸铁锂电池产能已超过 750GWh，宜昌市磷酸铁锂电池预计到 2025 年将达到 200GWh 产能。现有在建新能源电池项目需要进一步加快建设进度，积极抢抓市场高速增长带来的机遇，快建设、早投产、早见效，确保在日益激烈的市场竞争中抢占先机、巩固市场份额。

二、建设新能源材料产业全产业链对策措施

（一）坚持创新驱动，突破产业链关口

充分发挥全市产业技术研究院、工程技术研究中心、企校联合创新中心、重点实验室、公共技术服务中心等各类研发平台作用，以湖北三峡实验室和重点企业为主体，建立新能源材料产业科技创新联盟，重点加大磷石膏综合利用、新型负极材料、电池制造创新技术、电子化学品、磷基高端化学品生产等技术攻关力度，以科技创新为新能源电池全产业链建设注入新动能。

（二）优化空间布局，加强产业链集聚

建议在划定三区三线时，争取更多发展空间，提前谋划产业空间布局。研究在高铁新城或东部未来城打造新能源材料应用终端产品及配套产业基地的可行性。争取形成上下游协同、资源共享、创新驱动的产业生态。同时，要加强与宜荆荆都市圈的联动，充分发挥各地的资源优势和特色产业，形成多点支撑、错位发展的空间格局。积极探索跨区域、跨行业、跨所有制的合作模式，提升产业集群效应和品牌影响力。

（三）坚持绿色低碳，提升产业链能效

重点关注电池材料等相关化工项目碳排放的问题，全力支持以邦普循环为核心，拓展新能源电池材料回收产业链：电池在回收过程之中，需要进行评估检测，因此，重点考虑引育新能源电池检测设备研发制造、检测服务领域企业。同时，要鼓励电池总装及配套企业通过屋顶光伏等方式实现自给自足的低碳生产乃

至"零碳园区",提高企业的绿色竞争力。并结合宜昌实际,同步谋划引进相关光伏产业项目配套。

（四）赋能平台公司，撬动产业链发展

一方面,要加大项目全生命周期管理和全流程跟踪服务,充分发挥产投、城发的作用,在重大项目谋划、建设,以及产业链项目水、电、热、汽、污等要素配套方面加大争取和保障力度。另一方面,要转变城投公司的角色,不再拘泥于单纯的项目代建和要素保障,要大胆介入新能源电池产业链条,参与产业配套项目投资和运营,提高项目效益和回报。同时,要坚定不移与三峡集团合作共赢,并加强与金融机构的协作,拓宽融资渠道。针对抵押资产不足的情况,探索以采矿权为核心,统筹考虑将矿产、砂石、林业（碳汇）资源注入平台公司,增加有效资产。

（五）拓展应用场景，抢占产业链市场

要进一步推动新能源材料产业链在宜昌本土的应用场景拓展,深入推进落实《宜昌市电化长江实施方案》,持续在新能源船舶、抽水蓄能储能设备等领域开展应用推广和项目招商。支持电池生产企业加强与工程机械、港口作业、物流机械设备生产企业的研发合作,拓展相关领域的应用并在宜昌落地。考虑统筹推进旅游车辆、物流领域、环卫车辆全面电动化,尤其要重点关注新能源轻型货车、皮卡、矿区无人驾驶换电重卡等新兴领域的市场需求和技术发展趋势,招引相应企业,抢占新赛道。

（六）加强技能人才引育，提升产业链水平

加快引进国内外高层次人才与团队,建立与国际接轨的人才引进、评价和服务保障机制;深入推进宜昌产教融合示范城市建设,进一步加强职业技能人才引进培育工作,为产业发展提供专业的人才支撑;探索优化人才激励政策,考虑借鉴其他地区经验对取得相应资质的专业技能人才提供专项一次性补贴。

（作者单位：民建三峡大学基层委员会、三峡智库、三峡文化与经济社会发展研究中心）

宜昌拥有丰富的磷矿资源、便利的交通物流、清洁的水电资源等优势条件，有利于打造新能源材料全产业链循环体系。本文详细分析了宜昌新能源材料产业的资源优势、空间布局、创新能力、项目建设等情况，并从创新驱动、优化空间布局、坚持绿色低碳、赋能平台公司等方面提出推进宜昌新能源材料全产业链建设的对策建议，为宜昌新能源产业高质量发展提供参考和建议。相关建议被宜昌市经信局、宜昌高新区等采纳。

宜昌市社会科学界联合会

YICHANG ASSOCIATION OF SOCIAL SCIENCE SOCIETIES

建立健全推动绿色
低碳发展制度体系

宜昌文旅产业影响力提升对策建议

三峡大学三峡智库课题组

宜昌文旅资源富集，5A 级景区数量居全省第一，文旅产业是"3+2"主导产业之一，旅游人次和旅游收入稳居全省第二，为什么在全国不太"出圈出彩"？宜昌文旅产业影响力到底多大？如何提升？迫切需要科学评估，谋求突破。

一、宜昌文旅产业影响力现状评价

（一）文旅产业要素和产业规模的影响力

宜昌文旅经历自然成长（1978—1991 年）、工程驱动（1992—2002 年）、景区驱动（2003—2011 年）、景村双驱（2012—2019 年）四个发展阶段，当前正处在转型提质阶段（2020 年至今），实施"景区游—乡村游—城市游"三轮驱动，实现从"卖山水"向"卖文化""卖体验"转变。

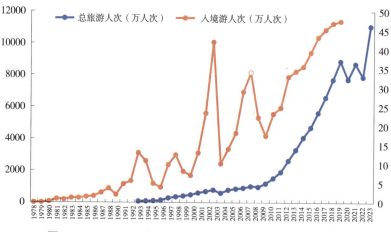

图 1　1978—2023 年宜昌接待游客量和入境游客量变化图

宜昌文旅产业要素齐备，但标杆影响不"出彩"。全市拥有 67 家 A 级景区，其中 5A 级景区 4 家；星级饭店 41 家，其中五星级 2 家、四星级 14 家；省级旅游度假区 4 个，5C 级营地 1 家、4C 级 1 家，甲级民宿 2 家、乙级 1 家；旅行社 251 家（5A 级 6 家、4A 级 7 家），注册导游近 4000 名；国家全域旅游示范区 2 个，全国乡村旅游重点镇 1 个、重点村 2 个。年接待游客最多的 5A 级景区是三峡大坝 330 万人，不及全国 5A 级景区年接待平均值 430 万人（2019 年全国 280 家 5A 级景区接待游客 120861.89 万人），标杆性影响力有限。

宜昌文旅产业规模可观，但市场热度不"出圈"。2023 年宜昌接待游客 11085.54 万人次，旅游收入 1107.78 亿元，占全市 GDP 的 19.24%。全市现有文化产业市场主体 16000 多家，规模以上文旅服务业企业 160 家。与热点城市相比，在入境游客接待上，2019 年桂林 314.59 万人次、张家界 137.04 万人次、宜昌 47.53 万人次，2023 年桂林 28.93 万人次、张家界 68.74 万人次、宜昌仅 3 万余人次，差距明显；在国内游客消费上，2023 年宜昌到访游客人均消费不足千元，低于青岛的 1469 元、桂林的 1236 元、苏州的 1670 元、无锡的 1723 元和九江的 1258 元；2023 年宜昌接待一日游游客占比高达 79.5%，接待省内游客占比高达 87.4%。

表 1　　　　　2023 年宜昌与国内同类旅游城市指标对比

城市	年游客接待量（万人次）	旅游总收入（亿元）	旅游收入占 GDP 比重（%）
宜昌	11085.54	1107.78	19.24
青岛	13000	1910	12.12
桂林	13927.57	1721.73	67.90
苏州	17000	2840	11.52
无锡	12712.97	2190.0	14.12
洛阳	14000	1041.7	19.00
九江	9473.5	1191.73	31.92

（二）文旅产业与三次产业融合形成的向内影响力

文旅产业"一业兴百业旺"，三次产业也对文旅产业发展提供支撑。研究选取宜昌 2019—2023 年产业发展指标，采用灰色关联度方法测算产业融合形成的影响力，结果发现：一是宜昌文旅产业与三次产业之间的融合水平较高，处在中高度融合层级，有力支撑了文旅产业稳健发展。二是宜昌文旅产业与第三次产业的融合水平高（0.732），消费助旅、交旅融合、旅游地产是特色亮点和重要支撑。

三是农文旅融合拓宽了宜昌文旅产业发展空间，但需要加强渔业牧业与文旅产业的融合发展。四是宜昌文旅产业与工业融合度偏低（0.656），水利工程旅游虽是亮点，但其他工业旅游尤其是旅游工业仍是宜昌工文旅融合的短板。五是宜昌文旅产业与金融业的融合处于劣势（0.642），在一定的程度上制约了宜昌重大文旅项目的投资进展。六是宜昌文旅产业与高新技术产业为中度融合层级（0.575），亟须向"创新驱动型"发展模式转型升级，探索科技赋能文旅发展之路。

（三）宜昌文旅产业综合竞争力形成的向外影响力

文旅产业综合竞争力包括文旅要素竞争力和文旅市场竞争力，参照省外青岛、桂林、苏州、无锡、洛阳、九江6个城市和省内襄阳、荆州、荆门、恩施4个城市，选取25个测评指标，采取因子分析法，结果如下：

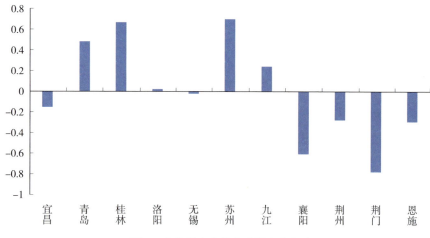

图2　参比城市文旅产业综合竞争力

文旅产业要素竞争力评估方面。一是宜昌文旅要素竞争力总体上处在中等水平（排序第六位），落后于苏州、青岛、无锡、洛阳和桂林。二是宜昌文旅接待消费能力排序第七位，落后于青岛、桂林、恩施、洛阳、苏州和无锡。三是宜昌文旅产业支撑力排序第二位，仅次于苏州，表明宜昌经济社会发展对文旅有较好支撑。四是落地交通服务能力排序第十位，仅高于恩施，在落地交通服务能力建设上需要加强。

文旅市场竞争力评估方面。一是宜昌文旅市场竞争力总体上处在中等水平（排序第七位），落后于桂林、九江、青岛、洛阳、荆州、苏州。二是宜昌国内旅游竞争力排序第七位，落后于九江、苏州、洛阳、无锡、桂林和青岛。三是宜昌国际旅游竞争力处于劣势，排序第八位，明显低于桂林、苏州、青岛、无锡、洛阳、荆门和恩施。四是宜昌旅游市场增长态势相对靠前，排序第五位，低于省内的荆州、恩施以及省外的桂林、九江。

文旅产业综合影响力评估方面。桂林、苏州、青岛处在第一梯队，九江、洛阳、无锡和宜昌处在第二梯队，恩施、荆州、襄阳、荆门处在第三梯队。

（四）宜昌文旅产业影响力的综合研判

一是宜昌文旅产业与三次产业融合度处于中高度融合层级，文旅产业支撑力优势明显（排序第二名，仅次于苏州）。这表明城市经济实力对提升宜昌文旅产业影响力起到重要支撑作用。要把文旅产业有机嵌入到三次产业协调发展中，树立大旅游发展观，不断提高产业融合度，用宜昌经济社会发展的总体实力来提升宜昌文旅产业影响力。二是宜昌文旅产业综合影响力（竞争力）处于第二梯队水平。文旅市场影响力落后于文旅要素影响力，宜昌文旅接待消费能力也相对滞后，表明宜昌文旅资源优势转化为产业优势略显不足。要聚焦特色文旅资源开发，进一步增强龙头产品的市场竞争力和综合接待消费能力。三是国际市场竞争力和落地交通服务能力是宜昌文旅产业的两大短板，国内旅游市场增长态势方面省内荆州、恩施追赶渐近。要提升宜昌文旅国际影响力，加大国内旅游市场开拓力度，加快提升交通服务能力。四是宜昌在消费助旅、交旅融合、旅游地产等方面优势明显，在金融惠旅、科技赋能和工旅融合方面处于劣势。要强化农文旅融合发展，加大金融业对文旅产业发展的支持力度，强化科技文旅融合和文旅产业创新，推进工业旅游和旅游工业（旅游装备制造业）融合发展。

二、经验借鉴

（一）聚焦打造核心吸引物是提高影响力的关键

提高文旅产业影响力，打造好旅游核心吸引物和拳头性产品尤为关键。桂林漓江山水景观、洛阳和开封的历史文化、青岛迷人的海滨风光、哈尔滨特色冰雪世界，甚至淄博的烧烤和天水的麻辣烫，都成为一座城市独具魅力的吸引物。核心吸引物不单是景区，也可以是主题公园、高品质演艺、特色节庆等，通过聚焦核心、整合资源、强化合作，形成城市符号标识，增强旅游市场竞争力。

（二）科技赋能创造消费场景是提高影响力的新方式

河南洛阳、开封近年来火爆全网，究其根本是将文化资源与旅游消费深度结合，借助科技构建特色消费场景，洛邑古城中的汉服旅拍，时尚打卡龙门石窟，《奇妙游》系列借助光影、AR/VR 等新兴技术，为游客制造了独具魅力的场景体验。创新推动文旅融合，强化科技赋能，打造别具一格的消费场景，是提高文旅产业影响力的新方式。

（三）全方位一站式宠客服务是提高影响力的新手法

山东淄博、黑龙江哈尔滨走红，其充满人文关怀的旅游服务是关键因素。成功的旅游目的地不仅需要丰富的文旅业态、多元的消费场景，更需要自主自由的消费选择和系统完善的配套服务，让游客和消费者体验到"宾至如归"。

（四）品牌建设与营销 IP 化是提高影响力的新逻辑

宠客的东北"尔滨"、热情好客的山东"赶烤人"等，表明城市营销已经从传统的单一名片推广向"人格化"城市营销升级，文旅产品营销要有机嫁接到城市旅游形象品牌营销体系中，找到一座城市的人格化 IP，在营销渠道和内容上不断创新，满足消费者的情绪价值，还要重视国际旅游市场营销，拓宽国际旅游营销渠道。

三、对策建议

宜昌拥有世界级的三峡、世界级工程、世界级的文化，迫切需要构建有世界级影响的文旅产业体系，不断提升文旅产业的实力，持续增强文旅产业的韧性，进一步打好三峡牌、文化牌、生态牌，在产业融合、产品迭代、宠客服务、品牌营销等领域谋求新突破，加快建设世界级旅游目的地城市。

（一）在产业融合上提升影响力

打破行业、技术、市场界限，将文旅产业巧妙嵌入到现代化产业体系中，按照产业链供应链思维谋划文旅商融合、农文旅融合和工文旅融合，促进资源共享和优势互补。一是加快构建文旅商消费聚集区。把巴山金谷、两岛一湾区、奥体中心—卷桥河等作为全市文旅产业聚集区，像抓工业园区一样，集中打造文旅商消费聚集区。二是积极培育工文旅产业集群。推动文旅产业与全市其他主导产业融合发展，发展工业旅游和旅游工业。聚焦内河游轮产业，嫁接新能源及高端装备业，加快构建绿色智能船舶全产业链；聚焦康养旅游产业，对接生命健康业，积极开拓大健康产业赛道；聚焦科技旅游产业，链接大数据及算力经济，推进5G、大数据、云计算、超高清、全息投影等新兴技术应用，加快培育科技旅游新业态和新场景；重视低空经济产业的培育与发展，因地制宜发展低空旅游业。三是科学推动农文旅融合发展。面向游客开发乡村旅游景点，吸引游客到乡村去进行文旅休闲消费；面向文旅消费链，加强农产品的商品化加工和品牌创意设计，推动特色农产品进入文旅消费市场。四是加强金融业对文旅产业支持力度。设立文旅产业发展专项基金，优化文旅产业金融生态，增强金融对文旅产业投融资服务能力。

（二）在产品迭代上提升影响力

聚焦优势文旅资源，提升产品文化内涵和科技含量，适度超前谋划，不断开发宜昌独有的引爆性强的核心吸引物。一是要聚焦"两坝一峡"核心吸引物，打造三峡游轮游品牌。把内河游轮游作为宜昌文旅产业最大的特色和亮点，推动新能源游轮产品研发和应用，在提升现有长江夜游和"两坝一峡"游轮游品质的同时，有序发展长江豪华游轮以及高峡平湖、清江、黄柏河等特色游轮旅游，逐步向全国实施内河游轮品牌输出，发展成为集游轮研发、设计、建造、运营和管理于一体的全产业链。创新游轮建造和消费场景。二是要聚焦文旅融合发展。以巴楚文化为脉络，推动优秀文化创造性转化、创新性发展，推动文旅融合进景区、进街巷、进商圈、进公园、进社区，打造一批沉浸式文旅项目。三是聚焦科技赋能文旅发展。可借鉴郑州《只有河南》戏剧幻城和贵阳《红飘带》文旅经验，创意推出科技文旅精品，讲好长江治水、长江大保护故事。

（三）在宠客服务上提升影响力

加强研究游客消费行为规律，让宠客服务融入旅游活动的全过程、全要素，提升游客体验感和城市美誉度。一是强化旅游服务品质化建设。推进大剧院、美术馆等场馆建设，精心规划诗歌艺术馆、钢琴博物馆及宜昌非遗馆等特色主题场馆，积极引进国际化标准的主题酒店、度假酒店、会议酒店及精品民宿，扶持本地传统老店与美食名店，甄选并推广地方特色名吃与名宴，打造多语种导游团队，增设外币兑换机构与免税店，全方位提升旅游服务水平。二是推进旅游服务智慧化转型。对文旅体场馆及服务设施进行智能化改造，推广电子票、人脸识别、云排队、智能机器人、虚拟展厅、智慧导览及智慧停车场等新型文旅服务手段，鼓励旅游景区普及电子地图、线路推荐及语音导览等智慧化服务，使"云端"与"指

尖"服务更便捷。三是全社会实施"宠客计划"。把主客共享的细微服务落实到
社区基层和行业一线，在接待服务、停车服务和志愿服务等领域做到柔性执法和
暖心服务，从严打击"不合理低价""恶意涨价"及"非法经营"等行为。定期
开展旅游从业人员的专业素养与技能培训。

（四）在品牌营销上提升影响力

聚焦提升文旅营销的品牌性、精准性、针对性、时效性，形成世界级旅游城
市的营销矩阵。一是聚焦优势，品牌化营销。挖掘长江三峡、三峡大坝、屈原昭
君等世界级文旅品牌，强化与宜昌城市品牌的传播黏性，让"三峡工程在宜昌"
成为品牌共识。二是市县联合，一体化营销。建成"一体化策划、集中式采集、
多渠道生成、立体化传播"的全媒体宣传矩阵，打造"新兴自媒体—互联网平台—
省市媒体—中央电视台"四级联动传播体系，讲好宜昌的世界故事。三是区域合作，
目的地营销。强化长江三峡国际旅游目的地品牌营销，加深与"昭君和亲路""一
带一路"和万里茶道沿线城市的交流共享，针对性开拓港澳台以及日韩、东南亚、
欧洲等境外市场。四是政企联动，产业融合营销。借势精细磷化、酵母生产、钢
琴、汽车、船舶制造等行业的全球影响力，以优质商品输出宜昌文旅品牌信息，
形成连接世界的融合营销范式。借势安琪酵母的全球影响力，策划举办宜昌国际
烘焙大赛；借势长江钢琴的品牌力，策划举办宜昌长江钢琴音乐节；借势宜昌磷
化工和清洁能源优势，策划举办国际清洁能源大会和产业博览会。

本文系宜昌市 2024 年度社科重点课题《宜昌提升文旅产业影响力研究》
（ysk24zdkt004）成果。

课题组成员：
阚如良　三峡大学经济与管理学院教授、三峡智库专家
张　姿　三峡大学经济与管理学院旅游管理硕士研究生
宋秀生　宜昌市文化和旅游局办公室主任
牟惠琳　三峡大学经济与管理学院 MBA，三峡文旅集团主管

　　文旅产业是宜昌聚焦发展的"3+2"主导产业之一，是打造"世界级宜昌"的特色优势产业。本课题系统分析了宜昌市文旅产业影响力及存在的制约因素，并借鉴旅游城市经验的基础上，从产业融合、产品迭代、宠客服务和品牌营销等方面提出了提升宜昌文旅产业影响力的对策。研究表明，要把宜昌文旅产业与现代化产业体系构建统筹起来，把文旅产业有机嵌入到三次产业协调发展中，树立大旅游发展观，不断提高产业融合度、打造核心吸引物、建强文旅产业链，全方位提升文旅产业影响力和实力。本课题成果被宜昌市委办公室采用。

瞄准科技前沿　发展循环经济

王　皓　韩　强

宜昌市委七届七次全会提出，建立循环经济发展体系，探索废旧动力电池回收、车船拆解循环化利用路径，实现产品全生命周期资源循环，推进"无废城市"建设。近年来，宜昌邦普循环科技有限公司，依托自身优势，瞄准科技前沿，投资 320 亿元，建设以循环经济为主导的国内首条磷酸铁锂回收利用产线，形成从磷矿到磷酸铁锂、废旧电池回收、磷石膏综合利用的产业链闭环，实现锂回收率 91%，镍钴锰回收率 99.6%。预期将建成 30 万吨/年的回收产能，不断向高产品档次、高技术含量、高附加值和低污染迈进。

一、"三大探索"促进资源再利用

一是探索变废为宝，选准企业发展突破口。宜昌邦普全链条一体化产业园由邦普循环、邦普宜化和邦普时代三个公司组成。在推进企业转型升级中，面向市场，由传统化工向精细化工转变，在资源再利用、发展循环经济上下功夫。

2021 年 10 月 12 日，宜昌邦普循环科技公司抢抓转型发展和招商引资机遇，签约落地宜昌邦普全链条一体化产业园，立足自身技术、人才优势，破解废旧电池循环利用难题，攻克前处理、金属提取、材料再生"三道难关"，将放电后的动力电池进行物理拆解，将电池单体进行有效分离，分离出塑料、铝、铁、铜以及有价金属含量高的电极材料；在获取有价金属含量高的电极材料回收之后，通过火法冶金或湿法冶金进行金属提取；继之通过溶剂萃取、化学沉淀以及化学结晶的方法，从浸出液中分离、制备出镍、钴以及锂盐，制作成正极材料，即可用于生产新电池，形成从电池生产—使用—梯次利用—资源再生的产业闭环。其中废旧电池循环利用项目于 2021 年 12 月开工，2022 年 9 月试产，2023 年 11 月碳酸锂月产量达 1100 吨。

图1 宜昌邦普循环科技公司

二是探索绿色低碳发展,实施定向循环技术。面对国内电池循环利用产业能耗高、污染大、回收效率低下等瓶颈,该公司引进人才,学习借鉴外地先进经验,开展科技攻关,开展了一系列创新性的探索。首先在绿色技术上实施定向循环技术,通过短程资源再生工艺把废旧电池中的核心金属循环再造成为新材料。通过一系列的技术链路和网络,实现 "废弃物—原材料—新产品—废弃物"循环式流动,打破了原生与再生资源间的技术屏障,构建了资源"从哪里来再到哪里去"的定向循环生态体系。继之,探索电池再生循环新型技术,将DRT(定向循环技术)技术应用在新能源产业链上下游所有关键环节,各个生产制造过程一贯到底,运输环节明显减少,三废协同消纳,碳排整体控制,实现了电池全生命周期的无缝衔接。

图2 宜昌邦普循环科技公司磷化工污水处理站预处理一体化区域

三是探索高端化发展，抢占市场制高点。在回收利用链条中，磷酸铁锂的前驱体——邦普磷酸铁，是具备中高端价值的产品之一，是生产成本低、产品档次高，市场亟待开发的产品。公司科研人员面向市场做文章，有针对性地创新短程制备工艺，打破常规，整合"矿产—原料—前驱体—正极材料—电池循环"全环节，直接合成磷酸铁产品，以其容量高、结晶完美，成为磷酸铁领域的代表产品，被广泛应用于动力交通、电动工具、储能、通信等领域。

二、"三大趋势"势必促进循环经济发展

一是产品市场蕴藏无限潜力。近年来，伴随新能源产业蓬勃发展，磷资源作为新能源电池材料中的关键资源，需求持续增长。市场调查表明，我国 2024 年预计需要 65 万吨精制磷酸，到 2030 年需要 218 万吨精制磷酸。需求不断扩大，亟待从供应端予以满足。宜昌邦普项目果断上马，通过全链条一体化实现资源的安全供应、产品的高效生产，形成需求牵引供给、供给创造需求的动态平衡，从而有效提升新能源产业内生动力。

二是资源禀赋奠定雄厚基础。宜昌磷资源储量大，在全国主矿区中位列第二位，开采条件优越，且依托长江水运优势，运输成本低；精制磷酸后剩下的渣酸还能就近用于制备磷肥，充分发挥全链条一体化的优势，可进一步降低成本。时下推进磷化工产业全链条一体化，促进"渣、气、热"有效利用，必将带给精细磷化工更大的发展空间。

三是绿色低碳铺就可持续发展之路。近年来，随着高新技术在公司的推广应用，有效提升了宜昌邦普循环科技公司的地位，带来可观的发展前景。截至 2023 年底，公司已参与制修订废旧电池回收、电池材料等相关标准 369 项，申请专利 4527 件，实现锂回收利用率达 91%，镍钴锰回收率达 99.6%，对于铜、铁、铝及电解液、石墨等资源也可再生利用，实现绿色环保。每回收 10 万吨废旧动力电池，相当于减少原矿开采进口 150 万吨。实现正极材料碳减排近 50%，化学物耗降低达 40%。宜昌邦普循环科技公司在践行国家战略决策的同时，必将有效推进新能源汽车动力电池全生命周期的绿色低碳和可持续发展。

三、瞄准既定目标，走新型工业化之路

一是立足优势，把握定位。针对市场需求，结合自身优势，宜昌邦普循环科

技公司将充分发挥领军企业优势和高端产业引领功能，致力于把宜昌邦普全链条一体化产业园打造成为全国旗舰项目、标杆园区，带动产业链在湖北、在宜昌集聚及发展，推动传统磷化工向新能源新材料产业裂变，走出一条绿色低碳高质量发展之路。明确依靠科技进步和创新，在优化结构、提高效益和降低能耗、保护环境的基础上，实现速度质量效益相协调、投资消费出口相协调，推动经济增长方式由低效粗放，转变为高效集约、要素组合，优势充分发挥、可持续的发展格局；产业结构转变为技术含量较高、产品档次高、附加值高、资源消耗低、环境污染少的格局；区域发展转变为特色优势明显、竞争优势突出、市场占有率高的格局。

二是延伸产业链，多向多元发展。面对工业化跃升期、城镇化加速期、节能环保攻坚期、新技术革命成长期、基础设施建设加快期的时代特征，坚持以转型发展为主线，以跨越发展为目标，以产权制度改革为核心，以并购重组和项目建设为重点，调整优化企业布局和结构。整合产业链，提升价值链，不断推动产业链的上游升级，推进区域经济合作和对外投资，健全开放经济的风险防范机制。创建布局紧凑、产业聚集、资源节约、功能优化、开放和谐的企业发展新模式。一方面，推动资源向优势主导产业集中，向重点品牌集中，实现专业化、集中化、集群化。另一方面，超前谋划新产品开发，按照研发一代、储备一代、生产一代的思路，提前介入新兴产业领域，突出发展质量和效益，注重发展的前瞻性，审时度势，抓好重大投资、重大项目兴建，大力发展低碳经济、循环经济和绿色经济，培育新的经济增长点，努力适应现代科技和经济结构转型升级新需求。

三是高效利用资源，推进循环发展。循环工业是化工产业的取向，建立资源循环再生产过程，将"工业三废"消灭在生产过程中，是实现工业生产的低消耗、低污染、高产出必由之路。大力推进循环经济，实现废弃物资源化，变废为宝是高效利用资源的关键。时下磷化工业的清洁化技术和"渣、气、热"利用技术，已作出不少探索，采用电除尘技术改造现有的湿法除尘和尾气净化提纯技术，实现"渣、汽、热"废弃物资源化的成功突破，把令人头痛的污染源转化为滚滚而来的财富源，为做好磷资源的节约利用、持续利用、发展循环经济提供了宝贵经验。强化节能减排也是发展循环经济的重要方面。从经济发展结构上实现减排，必须依靠科技创新，推动清洁生产，循环利用，走出一条低耗无污染的新路子。

四是抓好人才引进，培育发展后劲。培植企业发展后劲，须立足当前，着眼长远抓好人才引进培养。推进高水平人才高地和吸引集聚人才平台建设，努力培养造就更多一流科技领军人才和创新团队，打造卓越工程师和高技能人才队伍，营造人尽其才、各展其能的人才氛围。一方面，创新体制机制，挖掘产学研结合的新动能，与高等院校、科研院所联姻，争取人才和智力支撑，致力突破技术瓶颈。增强创新意识，加大科技投入，以前瞻性战略眼光，实施产品研发，技术攻关，在周期短、见效快的产品开发上下功夫。大力培养创新型人才，通过走出去、请进来方式，培育一批年富力强创新型人才、管理人才和高级技工，多途径、多方式引进高科技人才，弥补产品研发中的人才短缺，实施以事业招人才、待遇留住人才，吸引国内外高水平专业技术人才，为企业可持续发展提供人才和智力支撑。

（作者分别系宜昌邦普循环科技有限公司总经理、宜昌邦普宜化新材料有限公司助理工程师）

着眼可持续发展，发展循环经济，是新经济时代的新要求。文章从变废为宝、绿色低碳发展、高端化发展等"三大探索"系统总结了宜昌邦普循环科技有限公司促进资源再利用的做法，从产品市场、转型升级、绿色低碳三个方面详细分析了未来发展趋势，并从把握定位、延伸产业链、高效利用资源等方面提出未来发展的对策建议，为宜昌发展循环经济提供了参考。

抢抓"黄金"机遇期 建设农产品加工强市

——关于宜昌市农产品加工业发展现状分析的专题调研报告

宜昌市人大农委调研组

为贯彻落实省委、市委的要求，2024年3月至5月，宜昌市人大常委会副主任卢斌带领调研组，深入到宜昌市9个县市区的24个生产基地、6个加工园区、30个加工企业进行了实地调研，8次组织专题分析。同时，学习了外地经验，形成此调研报告。

一、改革开放以来，宜昌市农产品加工业发展的路径回顾

宜昌市的农产品加工业发展，大体经历了4个主要阶段：

（一）起步发展阶段（改革开放初期—1992年之前）：处于全省中下游水平

1984年，中央下发〔1984〕4号文件，把以农产品加工为主的社队企业，改称乡镇企业。1984年10月，宜昌市学习山东、广东等地经验，全市乡镇企业迅速起步。从1989年下半年开始，全市乡镇企业进入新一轮调整，呈现出渐进发展态势。

（二）加速追赶阶段（1992—2000年底）：处于全省中游水平

1992年，宜昌地、市两家合并，全市农业农村经济全面发展。

1997年，市委、市政府出台《关于扶持农业产业化的政策规定》，组建了湖北稻花香、宏康、垭丝、山山、鑫昌、金桥、威陵、银河等农业产业化十大集团，柑橘、茶叶、蔬菜等特色产业逐渐兴起。

（三）形成特色阶段（2001—2010年底）：居全省市州前列

2001年，宜昌市撤销乡镇企业局，民营经济蓬勃发展。制订《宜昌市农业产业化发展"十五"发展规划》，重点发展水果、畜牧、水产、蔬菜、茶叶、中药材等六大农业特色产业。

到 2010 年底，全市特色农业产值占农业总产值的比重达到 78.5%，规模以上农产品加工产值达到 584 亿元。

（四）巩固发展阶段（2011 年至今）：稳居全省第一方阵

2011 年，稻花香集团成为全省首家销售收入过百亿元的"农字号"企业，受到省委、省政府表彰并获 100 万元奖金。2023 年，一致魔芋、康农种业 2 家农业企业在北交所成功上市，成为全国魔芋"第一股"和湖北种业"第一股"。全省农业类上市企业 14 家，宜昌市 4 家。全市规模以上农产品加工产值达到 1183.01 亿元，仅次于武汉和孝感。

二、宜昌市农产品加工业的现状分析

（一）与全国同类城市、全省有关市州的对比分析

2023 年，全市规模以上农产品加工企业达到 465 家，市级以上产业化龙头企业达到 498 家，其中国家级 8 家、省级 120 家。拥有 13 个加工门类，6 个加工园区，入园企业 173 家，园区产值 570 亿元。

1. 与全国同类城市对比：宜昌市农产品加工产值的排名，与 GDP 排名基本匹配

在全国同类城市中，宜昌市 GDP 总量排第 24 位，农产品加工产值排第 20 位。

2. 与省内有关市州对比：宜昌市农产品加工产值的排名，与 GDP 在全省排名完全匹配

宜昌市 GDP 总量和农产品加工产值均居全省第 3 位，加工产值与农业总产值之比高于全省 1.06：1 水平（见表 1）。

表 1 　　　　　　　　　与省内有关市州对比情况

市州	GDP 情况			人口（万人）	规模以上企业农产品加工			农业总产值（亿元）
	总量（亿元）	省内排名	人均（万元）		加工值（亿元）	加工值排名	加工值与总产值比	
武汉市	20012	1	14.53	1377	2066	1	2.47：1	851
襄阳市	5843	2	11.07	528	1042.7	4	0.99：1	1044.8
宜昌市	5756	3	14.68	392	1183	3	1.09：1	1081
孝感市	2920	5	6.97	419	1298	2	1.75：1	740

（二）全市9个县市区农产品加工业的对比分析：县域经济强，农产品加工亦强；东4县强于山区县

9个县市区农产品加工产值排名与GDP排名基本一致。东4县规模以上农产品加工企业数、产值分别占全市的67.1%和74.25%，山区5县仅分别占全市的22.8%和9.54%（见表2）。

表2　　　　　　　　9个县市区农产品加工业发展情况

县市区		GDP 情况			规模以上农产品加工企业			
		总量（亿元）	总量排名	人均（万元）	企业数（家）	加工产值（亿元）	加工产值排名	加工产值与农林牧渔业总产值比（全市1.09：1）
东4县	宜都	920.62	1	25.69	62	309.47	1	2.46：1
	枝江	855.6	2	19.12	74	237.48	2	1.15：1
	夷陵	782.2	3	13.95	67	191.35	3	1.10：1
	当阳	637.34	4	15.23	109	140.08	4	0.65：1
山区县	远安	226.72	5	12.26	24	29.97	5	0.57：1
	长阳	203.2	7	5.45	36	26.05	6	0.24：1
	秭归	215.04	6	5.94	17	25.10	7	0.34：1
	兴山	170.82	8	10.68	4	18.74	8	0.51：1
	五峰	112.24	9	7.02	25	12.96	9	0.22：1

（三）大宗农产品供给端的对比分析

1.从大宗农产品规模看：宜昌市大宗农产品的生产端已初具规模（见表3）

表3　　　　　　　　在全国全省位次靠前农业产业情况

2023年产业规模	全国市州排名	全省市州排名
柑橘产量（427万吨）	第2位	第1位
茶叶产量（11.9万吨）	第10位	第2位
生猪出栏（600.1万头）	第15位	生猪调出全省第1位、出栏量全省第2位
蔬菜产量（557.7万吨）	第33位	第2位

（注：粮食、油料、水产、中药材规模较小，在全国全省位次靠后）

2.从大宗农产品的加工水平看：加工水平仍然不足（见表4）

（1）粮油、茶叶：以精深加工为主，加工水平与种植水平基本相适应。

（2）柑橘、蔬菜、畜牧：处于初级加工阶段，加工水平严重不足。

（3）中药材：处于初级加工阶段，正在向产业链中高端攀升，是宜昌市最有发展潜力的农业产业之一。

表 4　　　　　　　　2023 年八大农业产业产值、加工值占比情况

产业名称	产值（亿元）	加工值（亿元）	加工值与农业产值比
柑橘	173.88	127.5	0.73：1
茶叶	59.8	120	2.01：1
蔬菜	214.69	62.47	0.29：1
生猪	160.74	172.9	1.08：1
粮食	72.84	255.48	3.51：1
油料	15.31	41.22	2.69：1
中药材	79.96	37.43	0.47：1
水产品	66.91	13.26	0.2：1

（四）规模化经营的对比分析

全市规模化经营已初见成效，2023 年全市农村土地流转率达到 52.12%，较 2022 年的 34.3% 提高 17.82 个百分点，高于全省 51.26% 的平均水平（见表 5）。

1. 平原地区土地流转率均高于 50%。高标准农田面积占耕地面积比例高，有利于实行跨区域大规模经营。

2. 山区土地流转率均低于 50%。高标准农田建设对土地流转影响不明显，客观上适合开展适度规模经营。

表 5　　　　　　　　9 个县市区高标准农田建设情况

县市区	高标准农田面积（亩）	耕地面积（亩）	高标准农田面积占耕地面积比例（%）	土地流转率（%）
宜都	122310.9	211687.2	57.78	55
枝江	493681.77	691709.99	71.37	65
夷陵	340300	424615.64	80.14	50
当阳	796916.23	1224316.95	65.09	65
远安	138700	235729.8	58.84	50
长阳	336154	665022.45	50.55	45
秭归	6832.88	336967.35	2.03	40
兴山	60371.65	235936.5	25.59	40
五峰	183379.05	303507.75	60.42	40

（注：全市土地流转率为 52.12%）

（五）农产品加工业对农民增收贡献度的对比分析

近年来，全市农村常住居民人均可支配收入逐年持续增长，城乡居民收入比逐年持续缩小，反映出城乡差异正在缩小（见表6）。

表6　　　　　　　　　城乡常住居民人均可支配收入变化情况

年份	农村常住居民人均可支配收入（元）	城镇常住居民人均可支配收入（元）	城乡居民收入比
2019	18134	38463	2.12
2020	18515	37232	2.01
2021	20764	41030	1.98
2022	22571	43943	1.95
2023	24479	46448	1.9

从农村常住居民可支配收入的总量构成上看，四项收入的占比基本保持稳定。但从增量上看，家庭经营性收入＞工资性收入＞转移性收入＞财产性收入。当前，在宏观经济趋紧、大量农民工返乡的大背景下，产业增收和加工业增收的倒逼压力日益明显（见表7）。

表7　　　　　　　　　农村常住居民人均可支配收入构成情况

年份	农村常住居民人均可支配收入（元）	其中							
		工资性收入（元）	占比（%）	家庭经营性收入（元）	占比（%）	财产性收入（元）	占比（%）	转移性收入（元）	占比（%）
2019	18134	8003	44.13	7325	40.39	178	0.98	2628	14.49
2020	18515	7933	42.85	8082	43.65	137	0.74	2364	12.77
2021	20764	9212	44.37	8503	40.95	150	0.72	2899	13.96
2022	22571	9877	43.76	9433	41.79	164	0.73	3097	13.72
2023	24479	10684	43.65	10268	41.95	172	0.7	3355	13.71

三、国内外农产品加工业的发展特点及趋势

（一）发达国家的特点和趋势

1. 从发展进程看：与工业化、城市化保持了同步发展

20世纪70年代，日本完成了工业化，其工业产值和农产品加工产值，分别

比 60 年代增长 5 倍和近 10 倍，实现了双同步。目前，发达国家农产品加工业增速高于 GDP 增速，如：美国的 2023 年农产品加工产值增长 3%，GDP 增速 1.94%，产值占 GDP 超过 20%，其农产品加工产值与农业总产值的比值一般在 4 ：1。

2. 从大宗农产品资源禀赋看："大国大农"成为主导

发达国家充分发挥资源禀赋优势，大宗农产品生产规模大、质量优、价格低，占据了全球主要市场。如：美国的农业经营规模平均在 2500 亩以上，生产了全球 20% 的粮食、40% 的大豆。丹麦猪肉产量占全球的 25%。

3. 从收入构成看：政府补贴占据农民收入的主体

一方面，发达国家对农业的直补，占农民收入的 50% 左右。德国政府对农业的补贴已占农民年均收入的 71.4%。日本农民收入构成中，政府补贴占 40%、二三产业占 50%、农业占 10%。另一方面，发达国家的农业保险、免税等间接补贴也高，农民增收无后顾之忧。法国的主要农产品生产均实现了农业保险，政府给予 50%~80% 的保费补贴，给予农林加工企业降低 9% 征税。

4. 从企业竞争力看："赢者通吃"已成基本面

跨国公司已占据全球农产品贸易主导地位，垄断地位和品牌效应越来越强，呈"赢者通吃"局面。立顿公司所产红茶占全球 10% 份额，占据中国袋装茶 30%，利润超过中国 7 万家茶企。孟山都集团占全球种业 30%。新西兰乳业占全球市场 30%。

5. 从产业链看：全链贯通已成趋势

全产业链贯通发展，是发达国家和地区提升农业竞争力的通行做法。日本农协网络了全日本 99% 的农户，实行生产、加工、储运全产业链贯通发展，超过 90% 的农产品和 80% 农业生产资料销售都由农协完成。

（二）现阶段我国的特点和趋势

1. 从四化同步阶段看：处于快速上升期

2023 年，我国 GDP 增速 5.2%，规模以上农产品加工企业实现营收 20.3 万亿元、增长 9.8%，实现利润 1.2 万亿元、增长 11.6%。农产品加工值占工业比重已由 2012 的 17.6% 上升到 2023 年的 18.4%，正处在加快发展阶段。

2. 从区域发展格局看：东强西弱正在固化

东部和中部地区的农产品加工值，占全国比重超过 70%。河南省粮食及肉类加工能力位居全国第 1 位。湖北农产品加工产值居全国第 7 位，居中部地区第 3 位，落后于河南、湖南。

3. 从主导产业看：一体化链条日趋完善

在生产领域，资源优势决定了特色优势。贵州遵义市年产鲜辣椒 270 万吨，占全球 6%、全国 10%。在加工领域，日益向少数大企业集中。双汇火腿肠占据市场份额超过 60%。在流通领域，一体化链条优势显著。山东阳信县年出栏肉牛 12 万头，年屠宰肉牛能力 120 万头，屠宰能力居全国县级第一，占据京津牛肉市场 30% 以上，实现了"牛在世界养、肉在阳信产、吃在全中国"。在市场交易领域，品牌的"马太效应"明显。山东济宁市金乡大蒜凭借"金乡"品牌，出口 170 多个国家，占全国出口量的 70% 以上。

4. 从企业规模看：瞪羚企业迅猛发展

瞪羚企业规模越来越大。2023 年，山东淄博市共有 15 家企业通过瞪羚企业评审，其中：阳春三月羊乳制品投资的鲜奶生产线，完成了从鲜羊奶加工到羊乳企业的华丽转变。

5. 从政府投入看：农民增收的压力依然严峻

我国城乡居民收入比从 2012 年的 2.88 ∶ 1 降至 2023 年的 2.36 ∶ 1，但是绝对额的差距却在扩大（从 16648 元扩大到 30130 元）。东部沿海发达地区，财政对农业的投入力度大，农民收入高。中西部地区财政投入仍然不足，农民收入仍然较低。2016 年以来，全国大宗农作物的种植收益持续为负值，土地撂荒逐年增加。

四、关于现阶段我市农产品加工业发展的初步结论

综上分析，我们得出的初步结论是：

（一）聚焦农产品加工强市。宜昌市的人均 GDP 已过 2 万美元，以工补农、以城带乡、城乡共荣的发展基础已基本形成，具备建设全国农产品加工强市的条件，处在历史上的"黄金机遇期"。

（二）聚焦特色加工。发挥平原和山区两类资源禀赋优势，大力发展柑橘、茶叶、蔬菜、畜牧和中药材等特色加工。

（三）聚焦全产业链融合。大力建设现代农业加工园区，贯通种养加、储运销，促进全链条融合，畅通产业链，提升价值链，打造供应链。

（四）聚焦适度规模经营。立足"七山二丘一平"的市情，推进适度规模经

营，是提升农业发展质量的必由之路。

五、关于当前的具体建议

第一，发展进程层面：抓紧出台"三年行动方案"

与实施"十四五"规划相衔接，一是制定"三年行动方案"。市县两级出台"建设全国农产品加工业强市三年（2024—2026）专项行动方案"，力争到 2026 年农产品加工产值达到 2000 亿元，由全国前 20 位提升到前 15 位，成为全国农产品加工强市。二是分类推进实施。结合资源禀赋，分为平原县和山区县两类，配套制定专项方案，强化资源统筹和分类施策，推动东 4 县协作和山区县差异化发展。三是健全推进机制。建立市县乡村四级书记抓农产品加工业的工作机制。加大招商引资力度。在"三农"考核中，加大农产品加工指标权重，形成工作合力。

第二，农民增收层面：突出建设"万元田""万元林"

结合 40 多年前农村"万元户"的历史，针对"疫后经济"新形势，把着力点放在农业增效、农民增收上。一是发展适度规模经营。抢抓 2028 年农村土地二轮延包的关键窗口期，及时总结和推广枝江整市推进经验，发展适度规模经营。东 4 县大力发展跨区域（乡、镇）的大规模经营、山区县以社会化服务为重点发展适度规模经营。二是推广"万元田""万元林"模式。推广当阳鱼腥草万元田、五峰"林药蜂"万元林、秭归脐橙万元田亿元村经验，力争到 2026 年，全市万元田万元林面积达到 60 万亩以上、亿元村达到 50 个以上。三是加大财政投入。严格落实《农业法》的规定，财政农林水事务支出的增长幅度应高于财政经常性收入的增长幅度。四是推行社会化服务。推广五峰茶叶社会化服务试点经验，当阳、枝江等地水稻一条龙"全托管"社会化服务做法，力争到 2026 年全市新型社会化服务覆盖农户达到 70% 以上。

第三，企业培育层面：着力打造"领军企业"

发展农产品加工业，是当前宜昌市农民增收的重要支柱。一是培育领军企业。参照市委推进"四个重大"的工作机制，遴选一批成长型企业，重点扶持。巩固推广宜茶集团的工作成果，打造百亿元规模的企业"航母"。重点支持一致魔芋、康农种业、赤诚生物、屈姑食品等龙头企业向城区聚集，设立区域性的行政总部。二是组建企业集团。借鉴宜茶集团模式，加快组建宜昌柑橘和中药材集团。三是支持企业上市。支持赤诚生物加快上市步伐。紧盯5家"金种子"、11家"银种子"农业企业，建立一对一帮扶机制，力争尽早上市。

第四，供应链层面：全面贯通"市域供应链"

加快发展农产品物流，贯通"市域供应链"，从根本上改变宜昌农产品"经荆州再转回宜昌"的流通困境。一是推动平台建设。建设农产品供应链信息平台、园区平台、流通平台，实行供需信息高效对接，产业高度集聚，货物快速流转。二是延链补链强链。制定各产业链问题清单，拟定补短板、强弱项、锻长板具体措施，拉长加粗产业链，提升价值链。三是提升品牌价值。借鉴信阳毛尖、潜江小龙虾等品牌打造经验，将宜昌蜜橘、秭归脐橙、宜红功夫茶等升级为全省主打品牌。大米、食用油、冷鲜肉、蔬菜等产品积极融入"江汉大米""双汇""正大"等大品牌，借势扬名。

第五，科技支撑层面：强化"科技特派员"制度

大力推广浙江科技特派员制度，有效提升农业科技水平。一是健全科技特派员体系。加快建设省科技特派员工作站，统筹省、市、县三级科技特派员力量，夯实乡镇农技中心。二是围绕重点企业发力。支持康农种业、一致魔芋、赤诚生物等建强科技特派员工作站，强化核心技术攻关，打造"农业芯片"。

（调研组成员：卢斌、沈洪学、杨雄、覃立胜、王昌付、帅明、姜巍）

　　农产品加工业一头连着农业和农民，一头连着工业和市民，亦工亦农，既与农业密不可分，又与工商业紧密相连，是农业现代化的支撑力量和国民经济的重要产业。本文系统回顾了改革开放以来宜昌农产品加工业的发展路径，从横向和纵向、供给端、规模化经营等多个方面对比分析宜昌农产品加工业现状，同时还总结了国内外农产品加工业的发展特点及趋势，并从发展进程、农民增收、企业培育、供应链、科技支撑等多个层面提出具体的对策建议，对宜昌农产品加工业的发展具有重要参考意义。本报告被宜昌市农业农村局采纳应用。

宜昌市渔洋河流域水环境安全底线研究

陈　安　杨晓东　吴　波　徐晨罡　袁亚男　易伟龙

宜昌市渔洋河流域地处鄂西南山地与江汉平原交接地带，属于武陵山区生物多样性及水土保持国家重点生态功能区。该流域地势西南高、东北低，山地坡度大，水系发育，河流深切，沟壑纵横，岩溶发育，水土流失、石漠化现象较严重。作为宜昌市南部重要的流域廊道，随着沿岸经济社会的快速发展，该流域水环境安全面临较大压力。本文以渔洋河流域为对象，提出了该流域环境综合治理的技术路线和具体对策。

图 1　宜昌市渔洋河流域单元范围图

一、影响渔洋河流域水环境安全的主要因素

目前，渔洋河干流水质不能稳定达标，部分饮用水水源地存在环境安全风险。据调查，影响渔洋河流域水环境安全的主要因素为：季节性水资源短缺、污水处理厂尾水排放、畜禽养殖等农业面源以及城乡生活污染、水土流失、地质灾害、生态系统受损等。

（一）季节性水资源短缺严重影响流域水环境安全

渔洋河为季节性河流，上游流域水资源主要受降水影响，部分支流枯水期出现断流，造成河流流量和纳污能力大幅下降。位于柴埠溪上游的长乐坪镇，境内岩溶地貌发育，地表径流少，水资源匮乏，每年缺水长达3个月以上，人民群众生产、生活受到严重影响。

（二）污水处理厂尾水排放造成河流水质下降

目前，各乡镇污水处理厂（站）尾水直排外环境，既造成水资源的浪费，又影响了下游水体水质，特别是枯水期对地表水环境影响较大。如洋溪集镇污水处理厂尾水排入下游沟渠，对地表水水质造成了一定程度影响，受纳水体呈现富营养化。部分污水处理厂进水化学需氧量偏低，影响了系统稳定运行，造成部分时段氨氮排放浓度超过地表水V类标准，对中小河流和小微水体水质影响颇大。

（三）城乡生活污水收集治理存在突出短板

部分区域污水收集系统不完善。渔洋关镇、长乐坪镇等乡镇居住集中区污水收集欠缺，部分城镇区域污水管老旧破损，存在污水直排。长江、清江和渔洋河交汇区域工业企业、农业种植、城镇人口活动密度较高，污水管网覆盖面不够，老城区存在雨污合流、污水管道老化破损等情况。农村地区生活污水收集率偏低，日常管理较薄弱。乡镇污水处理厂（站）低负荷运行情况较普遍，枝城镇、潘家湾乡等地污水处理厂年均负荷率低于40%。

（四）农业面源污染防控压力依旧较大

1.渔洋河下游流域养殖污染较为突出

近年来，宜都市大力开展畜禽粪污资源化利用，取得了显著成效，但是部分乡镇畜禽养殖污染仍较突出，对地表水、土壤环境造成了一定程度污染。

2.绿色防控技术推广和统防统治存在一定困难

应用绿色防控技术对从业者专业技能要求较高，从业者不仅要熟悉农作物种植、管理，而且需了解病虫害发生和变化规律，掌握绿色防控、统防统治相关知识，不断学习提升自身实践操作技能。目前，农村地区大量年轻农民外出务工，从事农业种植的群体呈老龄化趋势，农村空心化、土地破碎化、经营分散化、资源消耗粗放等问题较为突出，严重影响了绿色防控技术推广和统防统治工作开展。2022年，宜都市主要农作物统防统治覆盖率为49%，五峰自治县统防统治覆盖率仅为37.7%。

（五）水土流失、地质灾害、流域生态破坏多发

1.局部区域水土流失较严重

渔洋河流域大部分地区为丘陵，以喀斯特地貌为主，农业种植、开发建设活动对生态环境带来较大扰动，流域中上游夏季暴雨多发，水力侵蚀造成土层逐年变薄，加重了石漠化。山地坡耕地表层土壤受雨水冲刷进入河道，造成水体浑浊、河道泥沙淤积。

图 2　五峰渔洋关镇小河

2.地质灾害易发多发

渔洋河流域地形条件复杂，地质环境脆弱，属于地质灾害高易发区。流域内地质灾害类型包括滑坡、塌陷、崩塌、泥石流等，已查明地质灾害 113 处。

3.部分区域生态破坏问题突出

流域内重大基础设施（铁路、公路等）建设过程中，由于环保措施不到位，弃土弃渣随意排放，水土流失较严重，造成河道淤堵、水环境破坏。

渔洋河流域废弃露天矿山数量较多，生态破坏和水土流失问题较突出，关闭和历史遗留矿山生态修复任务较重，存在资金短缺、自然修复质量不高等难题。渔洋河上游河岸植被受人为砍伐，滨河湿地生态系统和自然景观遭到破坏，造成了河岸水土流失，降低了水生态系统自净能力。

（六）农村生活饮用水水源地存在安全隐患

1.农村地区饮用水水源地建设不够规范

部分乡镇饮用水水源地保护区勘界定标不准，标识标牌设置不规范，围栏围

网破损失修，缺少水质自动监测、监控设施。有的水源保护区日常监管不够严格，存在垂钓、游泳、排污等违法行为。农村地区"百吨千人"饮用水水源保护区划定、建设和管理薄弱。

2. 部分水库型水源地存在供水保障不足、富营养化倾向

由于水资源时空分布不均，造成长乐坪镇、潘家湾乡等乡镇水源地水资源短缺。长乐坪镇水源地旱季难以保障群众用水需求；潘家湾乡中岭水库日供水量约300吨，实际服务人口5367人，由于上游来水偏少，造成枯水期供水保证率不足；五眼泉镇红山水库水源地实际日供水量约2000吨，服务人口1.5万，水质虽然达到Ⅲ类标准，但因水体流动性差，有的月份存在水华现象。

3. 部分水库上游受农业面源、农村生活污水污染风险较大

王家畈镇"百吨千人"水源地——风鼓洞地下水水源地受上游五峰自治县仁和坪镇畜禽养殖跨境污染影响，化学需氧量、氨氮、总磷浓度时常超标，水体发黑。九道河水库等湖库型水源地库尾居民较多，农业面源和农村生活污染源增加了水质安全风险。

二、筑牢渔洋河流域水环境安全底线的主要对策

（一）大力实施区域再生水利用，推进减污降碳协同增效

加快建设区域再生水利用设施。将再生水利用纳入城乡供水专项规划，编制实施区域再生水循环利用方案，按照"节水优先、优水优用、分质供水、循环利用"的原则，大力推进渔洋关镇、长乐坪镇等缺水地区生活污水处理厂再生水利用。将再生水作为重要的河流生态补水水源，纳入流域水资源调配体系。加强污水处理厂进水源头管控，严格控制生活污水处理厂接纳的工业废水比例和水质，加强污水处理全过程监控和再生水监测，制定突发事件应急预案，确保再生水水质稳定达标。

健全再生水利用激励机制。积极推行PPP、EPC等模式，大力引导社会资本参与再生水项目建设和运维。出台再生水生产和使用相关扶持性政策，在城市管理中推广再生水利用，包括：绿地浇灌、道路洒水、车辆清洗、建筑施工、景观和生态补水等方面。同时，把再生水作为旱季农业灌溉的重要水源。

（二）补齐城乡污水管网短板，分区分类推进农村生活污水治理

加强居住集中区污水收集。加大城中村、老旧城区、集镇、城乡接合部等

区域污水收集管网建设力度，在具备接管条件的地区推进雨污分流，合理规划建设居住集中区生活污水处理设施。开展破损污水干管治理，对管道清淤后进行 CCTV 检测，运用 CIPP 原位固化法、喷涂法、折叠内衬法、穿插法等方法修复渗漏、脱节和错口等管道缺陷。依托社会资本、专业团队，开展乡镇污水处理厂建设和运维。

分类推进农村生活污水治理。结合地形条件、人口聚集度等因素，采取集中与分散处理相结合的方式，合理选用分户处理、村组处理和纳入城镇污水管网集中处理等方式，综合运用工程和生态修复技术，实现农村生活污水处理后就近资源化利用。推进农村污水收集管网向人口聚集区延伸，提高污水处理设施负荷率。

完善人工湿地等水质净化设施。在污水处理厂排污口、河流交汇口附近河滨带建设人工湿地，配套建设水泵、输配水管网等设施。合理搭配湿地植物，以本地种为主，优先选择常绿、冬季生长旺盛的水生植物，提升河滨带截污自净能力。

（三）协同开展生态种养、病虫害绿色防控

全面推进畜禽粪污资源化利用。推广五眼泉镇畜禽粪污集中处理全量还田模式，促进种养有机结合。立足地方实际，采取就地利用、异地消纳、配备生物发酵床、建设有机肥厂等途径，大力推进畜禽粪污资源化利用。出台配套政策，加强督导帮扶和群众监督，纠正畜禽粪污随意堆放、不合理施用等行为。研究出台畜禽养殖污染防治地方性法规，为规模以下养殖场（户）监管提供制度保障。加强养殖规模总量管控和标准化建设，开展粪肥还田安全检测。

统筹开展病虫害绿色防控、生态种养。发展适度规模经营，构建"合作社（企业）+村集体+农户"的农业发展模式，壮大农业农村经济，吸引青壮年返乡创业，着力破解农村空心化、土地破碎化、经营分散化、资源消耗粗放等问题。健全田间生产管理档案，全程记录病虫害防控措施和效果。大力推进绿色防控、生态种养，促进化肥农药"双减"，将畜禽粪污资源化利用、生态种养、绿色防控等要求纳入村规民约、农户积分制银行、家庭文明诚信档案等基层管理体系。实施科技助农，推动政府部门服务向基层延伸，加大技术、资金、政策扶持力度，既要激励新型农业经营主体示范带动，也要向农户适度倾斜。

（四）统筹推进水土保持、地质灾害防治和生态修复

深入推进水土流失治理。按照山水林田湖草沙系统治理理念，以小流域为单元，因地制宜配置工程、植物、耕作措施，实施水土流失综合治理。结合农村人

居环境整治、美丽乡村建设，合理配置沟道治理、生物过滤带、水源涵养、封山育林、生态修复等措施，打造生态清洁小流域。

加强地质灾害综合治理。强化地质灾害监测能力建设，加强地质灾害险情动态监测和预报，采取预防措施，消除风险隐患。对发生的地质灾害及时治理，清除淤积土石方，开展边坡整治和稳固，修复河道及自然岸线。

开展受损地块生态修复。强化重大基础设施建设区域、废弃矿山环境治理和生态修复。严格落实建设项目水土保持方案，对弃土弃渣开展资源化利用。加强重大基础设施规划、设计、施工、竣工验收全过程监管。引进五峰赤诚生物科技股份有限公司资金和技术，运用"林药蜂"生态种养模式，修复该流域废弃露天矿山和石漠化地块，实现生态修复和产业发展双赢。

加强水资源综合调控。在上游流域兴建水库、山塘等蓄水设施，提升雨洪调蓄能力，规划建设中型灌区及配套水利设施，构建"散水集用、小水大用、丰水枯用、水源共用"的水资源配置格局。结合生产、生活、生态用水需求和防汛抗旱要求，合理调度干支流水资源，保证水库闸坝最小下泄生态流量不低于河流多年平均流量的10%，保障河流生态基流，稳定实现"有河有水"。

做好河湖岸线管护。在河湖岸线一定范围内划定生态缓冲带，建设水源涵养林，加强退耕还林、还草、还湿，修复河湖水域及其缓冲带生态环境功能，加强土著物种的保护，维护河流生物多样性，稳定实现"有鱼有草"。充分发挥河湖长制作用，禁止非法破坏河湖岸线湿地、林木、草地，纵深推进河湖"清四乱"常态化、规范化。

图3 渔洋河熊渡水库

（五）加强饮用水水源地规范化建设，保障饮用水安全

加快推进农村饮用水水源地规范化建设，完善水源保护区标识标牌、隔离防护、水质自动监测和监控设施。编制实施农村供水保障、现代水网、全域乡村振兴水资源配置工程等规划方案，大力推进城乡一体、集中连片供水，保障生活饮用水水质、水量，形成"城乡一体化、供排一体化、水务管理一体化"的区域供水新模式。加强饮用水水源地环境风险防控，制定饮用水水源地突发环境事件应急预案。开展地下水型水源地常态化监测和污染物溯源，对上游畜禽养殖等农业面源污染实施重点整治，及时消除环境风险。

（六）创新流域管理制度，促进上下游、干支流协同治理

健全流域上下游横向生态保护补偿机制。建立县（市）、乡镇横向生态保护补偿机制，县（市）级流域生态补偿协议由长阳、五峰、宜都3地联合签订，乡镇级流域生态补偿协议由流域内乡镇（街道）联合签订。建立流域上下游联席会议、污染联防联控和联合执法机制。

科学设定补偿责任断面、基准和指标。将渔洋河干支流出入境断面、各乡镇跨境断面作为补偿责任断面，结合跨界区域污染源状况，增设干支流监测断面，合理确定流域上下游、左右岸保护责任。以跨界断面监测数据作为补偿依据，采用水质类别、指标（COD、NH_3-N、TP、TN 等）浓度或综合污染指数进行考核。缺水地区可增加用水总量、用水效率、节水等指标，库区可增加下泄流量等指标。

健全补偿标准，探索多元化补偿模式。结合流域水环境质量、环境治理投入、节水效益、生态保护收益、支付能力等因素协商补偿标准，采用水质保证金、水质基本补偿金和水质变化补偿金进行考核补偿。流域上下游地区可结合地方实际，探索人才培训、对口协作、产业转移、园区共建、异地修复、水权和排污权交易等补偿方式。

完善水环境监测网络，提升流域智慧化管理水平。增设水质自动监测站，实现渔洋河流域单元主要河流和乡镇（街道）全覆盖。开展流域重点排污口排查和溯源，对重点污染源和高污染负荷区域实施重点监测和治理。加强熊渡、香客岩、九道河库区两岸汇水坡面水土流失监测和治理。开展流域水文地质勘察，逐步探明流域内地表水、地下水之间的水力联系和转换规律，在具有饮用水、河流补给、水源涵养等重要功能的地下水分布区及其上游地表水体、农用地集中区布设水质监测点，加强农业面源污染监测防控，构建地上地下一体化水质监控网络。

建立生态环境、水利和湖泊、自然资源和规划、水文等部门工作协调机制，整合流域内遥感影像、视频监控，水资源、水环境、水生态监测、排污口监测等数据，实现基础数据共享，建立流域智慧化管理平台。

（作者单位：宜昌市环境保护研究所、宜昌市生态环境局、宜昌市大气污染防治管理中心、宜昌市水土污染防治管理中心）

本文详细分析了影响宜昌市渔洋河流域水环境安全的主要因素：季节性水资源短缺、污水处理厂尾水排放、畜禽养殖等农业面源及城乡生活源污染、水土流失、地质灾害和生态系统受损等。在吸收相关法规政策和研究成果的基础上，提出大力实施区域再生水利用，推进减污降碳协同增效；补齐城乡污水管网短板，分区分类推进农村生活污水治理；协同开展生态种养、病虫害绿色防控等六大对策。课题多项成果被湖北省生态环境厅、国家生态环境部采用。

宜昌新中心商贸体系建设研究

宜昌市商务局课题组

宜昌市委、市政府提出建设伍家岗新中心，这是时代赋予伍家岗区新的重大使命。近期，宜昌市商务局课题组赴伍家岗区开展了走访调查，就加快推动新中心商贸体系建设和产业发展等进行了思考。

一、潮平岸阔：新中心商贸体系建设具备良好基础

近年来，伍家岗区不断优化商贸产业布局、丰富商业业态，商贸体系建设日趋完善。2023年，全区实现社零总额259.79亿元，居全市第二位，占中心城区（含西陵区、伍家岗区、点军区、猇亭区、高新区、夷陵区小溪塔街道）社零总额的29%，成为支撑宜昌城区发展的重要力量。

商业布局不断优化。伍家岗区已形成中南路、九码头、五一广场等3个片区型商圈，占中心城区商圈的三分之一，商业面积达60万平方米，入驻企业1700多家，年客流量超过7600万人次。建成三峡物流园、天元国际汽车物流城、喜盈门家居公园、鑫鼎汽配城等多个大型专业市场，涉及农产品批发以及家电家居、汽配机电、装饰建材、日用品等各类产品销售，品类齐全，已辐射宜荆荆都市圈。完成3个"一刻钟便民生活圈"试点圈建设，6个推广圈加快推进，社区末端商业不断丰富。近年来，滨江九码头文商旅综合体获评国家级夜间文旅消费集聚区，中南路商圈获评省级特色商业街、省级夜间消费集聚区，中南路商圈获评省级智慧商圈，兴发广场、三峡环球港获评省级智慧商店，魅力滨江夜间消费聚集区、中南路商圈获评市级夜间消费聚集区，福久源夜巷获评市级夜间消费聚集街。

商贸企业日渐壮大。伍家岗区持续实施限上企业倍增计划，2023年限上商贸市场主体达269家，占全市的7.5%、中心城区的四分之一。三峡物流园市场年交易额超550亿元，占全市市场交易额的近一半，成为渝东鄂西综合性市场的龙头。有A级物流企业48家，其中天元物流园获批全市首家国家4A级供应链

服务企业。东来顺、谷雨、沙龙宴等各类知名餐饮酒店陆续落户伍家岗区，先后认定宜昌滨江华美达酒店、虹桥国际大酒店等相当于三星级及以上酒店17家（全市共46家），仙一品、胡记包子等6家餐厅上榜2024年大众点评"必吃榜"（全市共8家），数量居全市第一位。

商贸新业态新模式加速发展。伍家岗区聚焦视频直播、展会经济、夜间经济等新兴业态，落地建设中燃·喜盈门家居电商直播孵化基地、智行合宜直播电商孵化中心等企业，宜昌电商项目获批立项、即将开工建设，天猫超级原产地·宜昌优品展活动作为全市促消费亮点特色工作向全省推介。商务楼宇经济得到充足发展，拥有兴发大厦、九州方园等沿江高端楼宇20栋。

外贸产业持续壮大。伍家岗区积极推动构建"双循环"节点市场，促进内外贸一体化融合，市场采购贸易试点累计出口额49.74亿元，贸易覆盖134个国家和地区，外贸综合服务连续两年考评位居全省第一位。

二、内有波澜：新中心商贸体系建设存在一定短板

与同处中心城区的西陵区相比，伍家岗区无论客流量、营收、税收等均有一定差距，也暴露出新中心商贸体系建设存在短板与不足。

吸引力辐射性不够。一是商业综合体运营能力有待提升。以新华广场为例，其引进品牌较少，商业面积30000平方米，年客流量仅30万人次，营收5000万元，税收仅1.76万元。而处于西陵区核心商圈的国贸大厦，其年客流量逾2600万人次，单店销售过20亿元，单店纳税过亿元，是湖北除武汉外拥有头部品牌、首店品牌、网红潮牌、销冠品牌最多的购物中心。二是商圈市集特色聚焦不足。五一广场商圈、中南路商圈、九码头商圈目前都存在市集小、散、弱的问题，未形成有特色、成规模的市井消费集聚区，城市烟火气不浓，消费者更愿意到西陵区解放路步行街、CBD小吃街。三是特色街区建设滞后。特色街区在规模、业态、品牌、特色彰显等方面不够，配套服务水平不高。在抽样调查的253家酒店中，78.7%不提供餐饮服务，73.9%不提供洗衣服务，26.1%未设停车场，仅12家设有充电桩。四是电商发展有待加强。全区纳统进限电商企业仅6家，除安琪电商外，电商市场主体总体偏少偏小、贡献度低，电商园区尚未形成集聚效应，辐射带动能力弱。

生态不优融合度不强。一是商圈同质化竞争。对各商圈的业态相似度和品牌

重合度测算发现，中南路、五一广场、九码头三大商圈业态相似度达90%，品牌重合度在20%以上，存在较明显的同质化竞争态势。二是商文旅融合发展不足。伍家岗区内旅游景点缺乏，全市67家A级旅游景区中，伍家岗仅有1家（宜昌博物馆），在交互式、体验式旅游消费场景开发上明显不足，缺少如三峡千古情等文旅商融合项目。三是商业布局和人流分布不匹配。从中南商圈到五一广场商圈的大片区域内，宜昌东站区域虽自身人气火爆，但在规划中未与周边商圈一体考虑，为居民、游客等普通消费者直接服务的零售和餐饮娱乐等消费设施明显滞后，没有支柱性商业综合体。

"特质"缺乏特色彰显不够。一是品牌培育不够。全市现有市级以上老字号企业24家，伍家岗区仅有宜昌老字号2家，尚无中华老字号、湖北老字号，与西陵区相比差距较大。二是特色文化资源没有得到充分利用。除了设置一些雕像外，在商业场景打造和业态植入上均缺乏对特色文化内涵的深入挖掘，例如九码头有深厚的码头文化底蕴，但九码头商圈码头文化氛围较淡，文化挖掘严重不足。

三、扬帆起航：新中心商贸体系建设思路

把规划作为"牵引器"。准确把握宜昌城市发展趋势，深化对建设世界级宜昌城市新中心目标定位内涵的认识，可借鉴核心商圈建设的成功经验，聘请专业团队高水平编制宜昌新中心商贸体系建设规划。统筹考虑新中心与老中心（西陵区）的错位发展，将新中心打造成展示宜昌"一半山水一半城"全貌的窗口、区域性消费中心的先行区。统筹考虑产销融合，发挥安琪酵母、猴王焊丝、长盛川青砖茶等产品名片，以及"市场采购贸易＋跨境电商＋外贸综合服务"的特有优势，做好供应链建设，打造中部城市外贸高地。

把创新作为"助推器"。针对新中心外地游客、上班族聚集以及人口"两高一低"（劳动力人口占比高、平均受教育程度高、老龄化率低）的特点，创新应用大数据、物联网、人工智能、VR、全息影像等新兴技术，打造沉浸式消费体验场景，大力推动智能商店、主题咖啡厅、宠物友好门店等业态创新，实现消费供给端与需求端双向协同。

把文化作为"扩音器"。深挖"码头文化"资源，从码头市井遗风、餐饮文化、搬运号子等文化资源中开发具有地域特色的文化创意产品，通过传统文化的现代表达，复刻码头生活影像，创造体验式消费场景。打好"三峡文化"牌，结

合三峡文旅集团总部、三峡游客中心、宜昌博物馆等资源齐聚新中心的特点，进一步丰富三峡文化展示载体，谋划在柏临河岸打造三峡文化大型演艺项目。统筹考虑商文旅融合，依托长江岸线、龙盘湖、柏临河等自然水系资源和宜昌博物馆、规划展览馆等文化资源，推动商贸与会展、文化、旅游等相关产业融合发展，促进人流、资金流、商品流集聚融通。

四、砥砺前行：打造新中心商贸体系建设新路径

进一步优化商业布局，打造区域性商圈主阵地。一是加快推进商圈提质升级。九码头商圈、五一广场商圈面向市民打造"城市会客厅"，面向游客打造"宜昌必到打卡点"。强化品牌体验，积极引进一线及知名品牌，挖掘和扶持"老字号"、荆楚优品等本土特色品牌。积极发展体育、康养、健身服务，搭建摇滚、街舞、跑酷、滑板、赛车、攀岩等街头文化活动和极限运动场所，配套酒吧、迪吧、电竞等消费场所。商圈布局白领友好主题商业，积极打造虚拟试妆镜、智能导购、云货架等数字消费场景，推广无人超市、智能售货机等新零售业态，提升上班族购物体验和效率。二是打造一批新的商贸园区与交易市场。充分发挥宜昌东站、长江游船码头人流量大的优势，将人流转化为客流和商流，重点在中南路商圈至五一广场商圈区域内谋划一批以文旅纪念产品、茶叶农特产品、汽车及汽车配件、二手商品交易市场等为主的新商贸服务项目。三是构建立体化消费空间。统一地下空间开发，加强中南路商圈各商业综合体地下空间的联通改造，打造立体多元的商圈地下空间系统。当前，可利用时代印地块建设组团式商业街区项目，同步改造五一广场周边、桔城路沿线商业设施，通过商业步行街、城市慢行系统等串联起五一广场、万豪中心、城市旅游客厅、宜昌欢乐世界等商业元素，构建新中心商务发展弧、便民生活圈等末端消费，吸引人流向新中心方向流动。

进一步加强主体培育，打造消费产业集聚地。一是培育重点商贸流通企业。进一步加强对"老字号"的挖掘与传承，推动中小商贸企业提高服务水平，提升市场信誉，并以此为基础鼓励中小商贸企业通过品牌输出和连锁经营做大做强。推动聚翁、燕沙、沙龙宴、谷雨等特色餐饮楚菜提升营销能力和品牌影响力。二是加强新业态商业主体建设。扎实推动三峡物流园内外贸一体化产业基地、安琪酵母内外贸一体化试点企业相关工作，以点带面创新贸易方式。鼓励实体商业通过直播电子商务、社交营销开启"云逛街"等新模式，支持企业建立直播带货营，

支持举办各类主题活动，促进商圈发展网红经济、买手经济和首店经济。三是促进重大项目建设。巴山金谷加快形成以长江文化、野生动物为主题的动物王国、冰雪世界、飞鸟乐园项目综合性旅游度假区。加快建设集总部经济、首店经济、跨境电商、免税购物及国际贸易的宜昌电商中心，构建新发展格局的重要支撑和畅通经济循环的关键平台。

进一步创新发展模式，打造城市活力展示地。一是以数字化手段推进供应链升级。依托宜昌市国家级供应链创新与应用示范城市、生活必需品流通保供项目建设，支持国发供应链平台做大做强，打造世界级磷化工供应链生态服务体系。二是坚持业态创新跨界融合。大力推动文旅商体融合，促进巴山金谷项目建设，打造城区旅游目的地。推出三峡民俗演艺、码头民俗文化游、实景游戏、主题剧本杀等文娱体验，策划大型电竞比赛、掼蛋比赛、漫展、汉服秀等，限定推出街头路演、角色扮演等主题活动，增设水族馆、音乐厅、亲子乐园、移民文化街区等场地设施，以沉浸式、特色化文旅体验，吸引外地游客增加在宜驻留时间和商贸消费。

（课题组成员：覃扬波、彭红俊、谭政、罗丽萍、殷坤）

文章从商贸产业布局、商业业态等方面总结了宜昌新中心商贸体系建设的良好基础，从商业综合体运营能力、商业布局、品牌培育等方面系统梳理了新中心商贸体系建设存在短板与不足，并从规划、创新、文化等方面提出发展思路和对策建议，对于加快推动新中心商贸体系建设和产业发展具有重要参考意义。

统筹推进经济发展和社会建设

深化"一线协商·共同缔造"工作研究

何新华　吴才彬　张霜霜　李艳萍　易玮玮

党的二十届三中全会通过的《中共中央关于进一步全面深化改革推进中国式现代化的决定》明确提出，"加强人民政协反映社情民意、联系群众、服务人民机制建设"。人民政协是国家治理体系的重要组成部分，处于凝心聚力第一线、决策咨询第一线、协商民主第一线、国家治理第一线。宜昌市政协开展的"一线协商·共同缔造"活动，充分彰显了人民政协作为专门协商机构的独特作用，取得了良好的基层社会治理成效，形成了政协协商同基层治理有效衔接、有机融合的宝贵经验。

一、宜昌市政协"一线协商·共同缔造"的背景

（一）践行新时代党的群众路线的重要举措

2022 年 6 月，湖北省第十二次党代会作出开展美好环境与幸福生活共同缔造的部署。为贯彻落实省委部署要求，2022 年 9 月，湖北省政协在总结"协商在一线"工作基础上，在全省政协系统开展"一线协商·共同缔造"行动。"一线协商·共同缔造"行动是创新基层治理模式的生动实践，它超越了传统协商议政的界限，将协商民主的触角延伸至社区、乡村乃至每个需要关注的角落，强调人民群众是共同缔造的主体，为基层社会治理提供了新的理论视角和实践路径。

（二）推进基层治理现代化的实践需求

随着城市化进程的迅猛推进，城市面貌日新月异，但同时也伴随着一系列复杂而深刻的社会变迁，对基层治理提出了前所未有的挑战与要求，要求我们将工作重心进一步下沉至基层。"一线协商·共同缔造"行动核心在于"深入"与"汇聚"：深入基层，意味着政协委员们要走出会议室，走进田间地头，面对面倾听群众心声，了解他们的所思所盼；汇聚民智，则是通过搭建多元参与的协商平台，汇聚社会各界的力量与智慧，共同为解决基层民生问题出谋划策。

（三）发挥政协优势，彰显政协作为的探索创新

"一线协商·共同缔造"是政协践行初心使命、服务基层群众、助力基层治理、推进协商民主的重要探索和创新性工作。宜昌市政协坚持以党建引领为基石，以机制创新为牵引，以协商为民为导向，用"一线协商"的方法，"共同缔造"的理念，充分激发委员主体意识，深入推进"一线协商·共同缔造"行动。"一线协商·共同缔造"行动发挥了政协智力密集、人才荟萃、联系广泛、贴近群众、渠道畅通等优势，通过现场协商、圆桌会议，集众智聚合力解民忧，使许多群众急难愁盼的问题、事关宜昌经济社会发展的问题得到有效解决。

二、宜昌市政协"一线协商·共同缔造"的做法与成效

（一）坚持党的领导，助推工作高效高质推进

把党的领导贯穿"一线协商·共同缔造"行动全过程各环节，不断完善党领导的组织推进体系。宜昌市委高度重视，及时印发《关于加强和改进新时代市县政协工作的实施意见》等文件，将"一线协商·共同缔造"行动纳入全市开展美好环境与幸福生活共同缔造大局，写进市委常委会年度工作要点、重大改革项目等重要文件，提出明确要求。各县市区党委把"一线协商·共同缔造"行动纳入重点工作，一体部署、一体督办、一体落实。

宜昌市政协党组认真落实省政协工作要求和市委工作安排，立足"协商在一线·委员就在身边"工作基础，出台关于推深做实"一线协商·共同缔造"行动等一系列文件，六次召开工作座谈会、交流会、推进会专题研究部署，抓试点、强示范，明责任、重实效。市政协党组及主席会议成员分别带队下沉13个县（市、区）亲身参与，现场指导各地开展好"一线协商·共同缔造"行动。各县市区政协细化工作举措，推动"一线协商·共同缔造"在宜昌大地蓬勃开展。在乡镇（街道）政协活动联络组探索建立功能型党支部，发挥党组织的政治引领作用。此外，三级政协在"一线协商·共同缔造"各环节认真执行向各级党委请示报告的制度，坚持党对"一线协商·共同缔造"工作的全面领导。

（二）构建工作体系，推动委员全员下沉

坚持高位嫁接、一体推进，着力健全组织网络、创新活动方式、丰富协商载体、建立制度机制，围绕"做强县级、做实乡镇级、做活村社区"工作目标，形成了覆盖县乡村三个层面的工作体系。在县（市、区）设立政协活动联组，负责

制定年度方案，管理下沉委员，每半年组织一次三级政协委员参加的基层集中协商活动；在乡镇（街道）设立政协活动联络组，进一步细化工作清单供下沉委员认领，组织委员每年至少参加一次集中活动；在村（社区）因地制宜设立委员活动小组，把活动开展到村（社区）、委员下沉到村（社区）、作用发挥到村（社区），让政协组织、政协委员的力量真正在基层治理一线得到发挥。目前，全市共组建政协活动联组 13 个、政协活动联络组 110 个、基层委员活动小组 297 个。

按照"就近就地、便于工作、自愿报名、综合搭配、动态调整"的原则，将省、市、县三级政协委员重新编组，实施全员下沉，形成覆盖区、乡镇（街道）、村（居）三级的一线协商网络，实现了政协委员下沉从"全面覆盖、撒胡椒面"到"就近就地、便于工作"转变。让有能力、有担当的委员当主力、做主角，引领带动所在单位、所在界别群众积极投身乡村振兴、基层治理，搭建起群众与委员直接沟通的桥梁，真正做到"沉到一线去，群众的事情大家商量着办"，使协商议题能够在一线征集，协商活动能够在一线开展，问题能够在一线解决，共识能够在一线形成。将政协委员参与一线协商活动情况纳入委员履职考评重要内容，推动广大委员与群众"面对面"，与民意"零距离"，更好地在老百姓身边发挥作用。

（三）完善制度机制，嵌入基层社会治理

人民政协作为社会主义协商民主的重要渠道和专门协商机构，是国家治理体系的重要组成部分。政协协商作为高层次、广范围的协商形式，具有深厚的政治基础、广泛的代表性和强大的影响力。将政协协商落实到基层，即为政协基层协商。近年来，宜昌市政协通过推进"协商在一线·委员就在身边"及其升级版"一线协商·共同缔造"行动，充分发挥政协协商机制优势，积极推动政协协商与基层协商、社会组织协商相衔接，完善与基层治理主体的协同机制、与党委政府工作和基层党组织工作的衔接机制，极大地提高了基层社会治理的效能。

加强制度化、规范化、程序化建设，形成一批制度成果。在市委层面，印发《关于充分发挥政协在基层社会治理中的重要作用深入开展"协商在一线·委员就在身边"工作的实施意见》；在市政协层面，下发《关于进一步提升"协商在一线·委员就在身边"工作质效的通知》《关于深入推进"协商在一线"工作示范点建设的通知》，从确立协商议题、做好协商调研、确定协商主体、丰富协商形式、组织协商讨论、报送协商成果、协商成果转化等方面形成工作闭环。全面推行包联指导、市县联动、委员联系界别群众、成果转化、跟踪反馈五项机制。

对协商成果实行分类整理、分级负责、分层交办，对协商一致能够解决的意见，积极推动解决落实；对需要县（市、区）解决的，由同级政协党组审核后报县（市、区）党委、政府；对需要市级解决的，由市政协党组审核后报市委、市政府，并分层对协商意见建议利用民主监督等手段跟踪督办，确保协商成果落地。

（四）创新协商平台，激发履职活力

因地制宜搭建点线面、"固定＋灵活""会场＋现场""线上＋线下"系统融通的"四位一体"协商议事平台，全方位搭建委员联系身边群众、界别群众、基层群众的"连心桥梁"，增加政协协商的可及性，使政协协商更加日常化、生活化地体现在人民群众的政治生活中，保障人民全天候行使民主权利的可能。

依托协商议事会平台，坚持用"一线协商"方法、"共同缔造"理念，发挥县（市、区）一级政协活动联组、乡镇（街道）政协活动联络组和村（社区）委员活动小组作用，形成县、乡、村（社区）、村落（小区、园区）各有侧重的全方位协商层级，实现了协商议事平台在基层的全"面"覆盖。

依托"委员e家"平台，以界别为主导，围绕界别群众普遍关心关注的民生问题开展协商，实现了政协委员以界别为主的"线"性下沉。2024年以来，"委员e家"聚焦推进教联体扩优提质、推进垃圾精细分类等议题举办了4次活动，10个界别参与，28个部门现场回应，推动了一批重难点问题解决。

依托"委员工作室"平台，按照"有固定场所、有工作计划、有常态履职、有政协书香、有活动台账、有履职成效"标准，支持有能力、有意愿、有条件的委员分层次搭建142个委员工作室。委员工作室通过灵活开展各类微协商、微监督，实现了精准到"点"的联系服务，打通了委员联系群众的"最后一千米"。仅2024年上半年，共开展中医文化传播、公益普法、儿童心理辅导教育、结对帮扶、义诊、志愿服务140余次，助力基层解决房前屋后、急难愁盼问题88个。

依托"云上政协"网络协商平台，综合一微一网一端，打破时间和空间的限制，充分运用信息化手段常态化开展"微协商"，委员履职空间不断拓展，服务基层群众渠道不断拓宽，了解民情、收集民意的方法更加高效、便捷和全面。

三、宜昌市政协"一线协商·共同缔造"的经验与启示

（一）坚持人民至上：协商的初心与归宿

宜昌市政协在开展"一线协商·共同缔造"工作的过程中，始终将人民的利

益放在首位，尊重人民主体地位，将"人民至上"贯穿协商全过程，旗帜鲜明提出要组织发动群众共建共治共享，更加突出了人民群众的主体地位，更加强调要激活群众内生动力，确保每一项协商决策都贴近民心、汇聚民智、反映民意。例如，在走访西陵区夜明珠街道平湖馨苑社区时，了解到群众对增设公交站台和公交线路的迫切需求，立即组织多方召开协商会议，推动沙河环保主题公交的开通，极大地方便了周边群众的出行。此外，市政协还通过多种形式的协商活动，如"家话西陵""沮漳同心行"等，广泛收集社情民意，聚焦乡村振兴、环境整治等民生问题，积极建言献策。这些活动不仅增强了群众参与公共事务的积极性和主动性，也有效推动了民生问题的解决，让人民群众在协商中感受到了实实在在的获得感和幸福感。

（二）坚持"五共"理念：协商的制胜法宝

协商的力量来自人民，协商的成果为了人民。宜昌政协坚持让群众当主角，引导群众变"你和我"为"我们"，变"要我干"为"我要干"，将决策共谋、发展共建、建设共管、效果共评、成果共享理念融入"一线协商·共同缔造"全过程，做到勤商量、善商量、真商量。

在议题选择阶段，通过走访调研、网络征集、群众座谈等方式挖掘群众需求，收集、筛选协商议题，围绕党委政府中心工作和群众关心的热点、难点、焦点问题，选择切口小、关联广的要事难事开展协商，确保协商为民。深入践行党的群众路线，发挥人民政协联系广泛的优势，多渠道听取人民群众各方面意见和建议，汲取人民群众在实践中所涌现的智慧和力量，是协商的途径。在具体实施过程中，通过深入基层、走进群众，确保群众的声音能够被听见，意见能够被采纳，以政协委员全员下沉带动界别群众广泛参与，推动人民有效"在场"，确保协商于民，真正实现了人民参与协商、协商服务人民的良性循环。

（三）坚持实效导向：协商的生命线

将实效导向作为协商的生命线，确保每一项协商活动都能精准对接民生需求。聚焦解决实际问题，邀请相关部门、群众代表、社区工作者一起参与协商，逐一研判"解剖麻雀"，群策群力寻找办法，一批关爱少年儿童的实事好事在协商中得到落实，实现"协商一件、落实一件、受益一片"。如在推进老旧小区改造项目中，宜昌市政协组织政协委员深入一线，与社区居民面对面交流，倾听群众心声。通过多轮协商，不仅确定了改造方案中的关键细节，如增设休闲座椅、优化绿化布局等，还成功引入了社会资本参与，缓解了资金压力。改造后的老旧小区焕然一新，居民满意度显著提升，真正实现了协商成果惠及民生。枝江市通过"同心圆"基层协商，推动"为留守儿童打造一平方米的家庭阅读空间"公益项目落地百里洲镇。点军区聚焦亲子主题和儿童主体，协商助力艾家村建立"共享亲子乐园"，合力打造点军儿童公益早教品牌。此外，市政协还围绕乡村振兴、生态文明建设等重点领域，持续开展一线协商活动。通过实地调研、专家论证、群众评议等环节，确保协商议题精准、过程透明、成果落地。一系列实效显著的协商成果，不仅推动了宜昌经济社会高质量发展，也进一步增强了人民群众对协商民主的认同感和满意度。

（四）坚持委员主体：协商的核心力量

在协商民主体系中，坚持委员主体是确保协商活动充满活力与成效的关键。作为各领域、各阶层的代表，委员的积极参与和深度贡献是协商民主得以有效运行并持续发展的核心力量。宜昌市政协在"一线协商·共同缔造"工作中，着重补齐委员参与度和代表性的短板。

在参与协商的主体上，既组织和引导更多政协委员亮明身份，身入心到群众身边，主动参与基层治理；又以委员的能力和魅力，吸引和邀请涉及切身利益的基层群众代表参与，用政协智慧激发群众参与基层治理的内生动力。在作用发挥上，突出专长、各尽其能。发挥委员自身具备的知识、专业、能力、资源等特长和优势，力所能及地办实事、做好事。重点针对留守儿童、流动及困境儿童，提供亲情陪伴、作业辅导、心理疏导、安全教育等暖心帮扶。如西陵区政协帮助桥北社区招募"童伴爸妈"志愿者 79 人，针对辖区 93 户困境儿童家庭开展心理辅导和学业指导累计 147 人次；伍家岗区动员 225 名下沉委员认领社区篮球场提档升级、爱心暑托班、亲子乐园等议题 32 个；秭归县组织全县 178 名政协委员每人结对 1 名留守儿童，定期走访互动，帮助实现微心愿。同时，大力开展"双岗建功"活动，鼓励委员在本职岗位上担当作为、建功立业，争创一流业绩；在参与"一线协商·共同缔造"行动中担当作为、建功立业，争当优秀委员。

本文系宜昌市 2024 年度社会科学研究课题《深化"一线协商·共同缔造"工作研究》（ysk24ybkt006）研究成果。

（课题组成员单位：宜昌市政协、宜昌市社科联）

近年来，宜昌市政协坚持走好新时代党的群众路线，发挥桥梁和纽带作用，深入基层，走进群众，协助党委和政府做好群众工作，努力做到人民政协为人民。本文详细介绍了宜昌市政协开展的"一线协商·共同缔造"活动的背景，从多个方面系统总结了"一线协商·共同缔造"活动的做法与成效，并从坚持人民至上、坚持"五共"理念、坚持实效导向、坚持委员主体4个方面概括经验和启示。

增能减负：车马重构破解基层治理难题的对策建议

三峡大学"小马拉大车"课题组

"上面千条线，下面一根针"，由于基层人员编制、财力保障、体制机制等因素，使得基层出现了严重的"小马拉大车"问题。2019 年 3 月和 2024 年 2 月，国家先后出台了《关于解决形式主义突出问题为基层减负的通知》《关于破解基层治理"小马拉大车"突出问题的若干措施》等文件，提出要力戒形式主义，更好地为基层干部松绑减负。习近平总书记在湖南、重庆考察时强调，党中央明确要求为基层减负，坚决整治形式主义、官僚主义问题，要精兵简政，继续把这项工作抓下去。

为破解基层治理"小马拉大车"问题，课题组选取 1 个城区、1 个县级市和 1 个县开展基层减负专题调研，在县（区）、镇（街）、村（社）三个层面开展座谈，并对镇街和村社干部进行问卷调查（其中镇街干部调查样本量为159 人，村社干部调查样本量为 353 人，基层干部调查样本总计 512 人），找准基层负担的内在症结，发现各调查县（市、区）基层有效减负的经验做法，为宜昌市委、市政府推动解决基层治理"小马拉大车"问题提供决策参考。

一、基层存在的主要问题

（一）疲于开会负担重

调查数据显示，基层干部参加上级政府和相关部门组织的会议与单位内部会议较多，层层开会与多头开会占用基层工作人员大量时间。调研中某基层农口工作人员反映，为了落实上级会议精神，单一个农业农村会议就要重复参加4 次，往往是从省里开到乡镇，耗费了基层工作人员大量时间和精力。

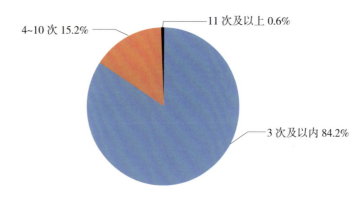

图 1　基层干部（含镇街、村社）每周平均开会次数

（二）"表哥表姐"负担重

调查数据显示，频繁的数据报表构成严重工作负担。一是基层数据上报与实际使用权的分离造成各基层单位缺乏对数据的使用权限；二是数据上报难以统筹协调导致基层干部面临多头重复和数据无效生产负担；三是不同职能部门对数据上报的标准不一加重了基层工作量。调研中某基层干部介绍，"数出有据"的要求使得上级职能部门仍习惯于频繁向基层要数据。

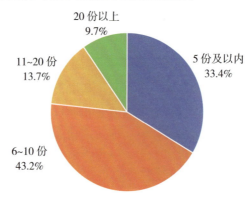

图 2　基层干部（含镇街、村社）2024 年 3 月总共填写工作表格份数

（三）督查考核负担重

调查数据表明，2023 年全年迎接督查检查考核 11 次及以上的基层干部人数占比总计达 33.4%，频繁考核导致基层单位应接不暇，多头管理使考核标准不一，造成人力资源的过度消耗。各县市区在落实某项惠民政策时，基层个别乡镇和村社为了完成考核目标出现"抢人"现象，加重了基层干部的工作负担。

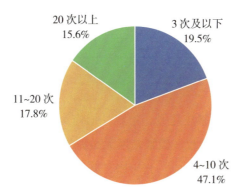

图3　基层干部（含镇街、村社）2023年全年迎接上级督查检查考核次数

（四）属地管理负担重

属地管理泛化对基层治理造成一定的困境：一是职能部门层层加码。本应条块协同、上下联动的工作与责任层层转移到基层，迫使基层单位需承担大量超出其职责范围的工作任务。二是基层管理部分事项有责无权。责任与事务下移，但相应的决策权与资源配置权仍掌握在上级，如基层在进行安全生产与环保管理时往往只能依靠劝说与宣传等方式，造成基层职能困境加剧。

（五）马小乏力负担重

一是编制不足。宜昌市城区存在编制倒挂现象，基层单位人员力量薄弱。据了解区级层面某局仅有2名在编人员，要应对上级职能部门所有科室，工作压力大。二是基层专业人才短缺。特别是在法律、经济、社会工作等领域专业人才短缺，导致基层单位在执行任务时难以达到预期效果。三是财力不足。基层政府财政收入增长缓慢，刚性支出压力增大，对上级转移支付依赖性强。某村村干部反映，村集体资金实行村财镇管，资金使用批复难。

二、对策建议

为深入推进形式主义整治，切实为基层减负，课题组在学习借鉴国内各地破解"小马拉大车"突出问题的先进经验基础上，结合宜昌市城乡社会实际和调研发现提出以下对策建议：

（一）聚焦基层负担顽疾，扎实开展"减负工程"

1.减轻会议负担

打破以会议落实和推进工作的误区，取消各种形式的开工仪式、现场拉练等；严控会议时间，提高会议质量，一般工作布置会控制在 15 分钟以内，研判决策类会议控制在 30 分钟以内；善用视频会议，减少基层干部往返会场时间和精力。

2. 根治报表负担

加强数据报表的法制化建设，市统计局作为牵头部门，数据报表做到有法可依；数据使用向基层赋权，破解基层无数据使用权限的困境；探索"一张表"改革，根据工作需要整合生成一张表格，减轻重复报表负担。

3. 减轻考核督查负担

由各级政府统筹同级有关职能部门，制定对下考核的关键核心指标和创新突破性指标，减少多头重复考核；实施分层和差异化考核，"以考促评"激发基层干部干事创业积极性；加强人性关怀，保障基层干部正常假期。

（二）聚焦基层能力不足，稳步推进"壮马工程"

1. 理顺职能部门和基层政府关系

进一步厘清镇街级、村社级权责事项清单，对于专业性较高的事项不得以属地管理为由向基层下压；对于确需向基层下移的，实现机构和人员编制的一同下放，对基层权责清单进行动态调整。

2. 推动人员编制下沉

夯实向基层下沉编制，探索实行因事设岗、以岗定责、按岗定人新路径；常态化开展上级干部到基层挂职，将下挂年限作为考评条件；做深做实"镇街吹哨、部门报到"和"党员干部双报到"工作，开展党员的社会维度指标考核。

3. 公共财政向基层倾斜

加大对镇街级政府的财政预算，让基层政府有钱保障支出；实行对村级集体收入的监管，完善村集体经济发展对村级干部的正向激励制度，努力探索向下开源，避免基层政府对村级财政的挪用。

（三）聚焦治理效能不高，深入开展"智慧工程"

1. 数据使用向基层赋权

当前数字资源使用尚未向基层赋权，建议参照国家扶贫开发信息系统，按照基层所管辖行政区划向基层相应层级赋权，特殊敏感字段信息使用向同级政府专题申请。

2. 注重线上受理与线下办理相结合

处理好"数据跑路"和"问题化解"的关系，问题、事项等线上流转必须配套最后一千米落实机制；基层工作人员要对症下药化解基层矛盾，最终实现"案结事了"，不让"问题回娘家"。

3. 提升基层干部数字智治的素质和能力

街道干部、社区干部、网格员要用好网格群与居民开展好互动，了解群众需求，引导居民参与基层公共事务，提升居民自助服务能力，减轻行政系统运行的社会成本。

4. 防范指尖上的形式主义

智慧数字平台建设由市级进行统筹规划，专门性 APP 开发报市级大数据局进行备案审批，严禁基层各级政府和有关职能部门另起炉灶新搞一套，从而造成数据系统的对接困难和财政资源的严重浪费。

（四）聚焦体制机制问题，推进车马"协同工程"

1. 优化考核激励机制

在考核督查中将"以上评下"和"以下评上"相结合，以群众的满意度和经济社会发展的实际效益作为基层政府和干部政绩评判标准。

2. 纠正基层工作中的形式主义倾向

建议在提拔晋升、干部招录、评先表优等方面对基层治理表现突出人员予以及时表彰奖励，树立正面典型标杆，改变基层治理中热衷于搞数字政绩的政绩观扭曲现象。

3. 注重基层多元力量培育

引导村社自治组织回归自治功能定位，助力各项政府民生实事的落地落实；以业委会为载体有效组织居民开展协商议事，加强社会组织和居民志愿服务组织培育，满足居民多元化的社会服务需求。

本文系宜昌市 2024 年度社科重点课题《积极破解基层治理"小马拉大车"突出问题研究》（ysk24zdkt011）成果。

课题组成员：

万兰芳　课题负责人，三峡大学法学与公共管理学院教师，社会学博士，

硕士生导师

李晓彤、陈苗苗、刘梦洁　三峡大学马克思主义学院硕士研究生

课题研究顾问：

王　星　南开大学周恩来政府管理学院教授、博士生导师，基层治理领域国内知名专家

> 基层是国家治理的最末端、服务群众的最前沿，基层干事创业的氛围如何，干部工作状态如何，关乎党中央决策部署的落地落实。课题组通过深入细致的调研，找准基层目前面临的主要问题以及负担生成的内在症结，并在借鉴国内各地破解"小马拉大车"突出问题的先进经验基础上，结合宜昌市城乡社会实际提出有针对性的对策建议，为宜昌市委、市政府统筹推动解决基层治理"小马拉大车"问题提供参考。报告获宜昌市委社会工作部采用。

屈原文化创造性转化创新性发展的路径探析

张耀武　高小芹　李孝配　郭琴剑

党的二十届三中全会指出："必须增强文化自信，发展社会主义先进文化，弘扬革命文化，传承中华优秀传统文化。"传承和弘扬中华优秀传统文化既是增强文化自信、建设社会主义文化强国的应有之义，也是全面建设社会主义现代化国家、推进实现中华民族伟大复兴的实践前提。宜昌是屈原的故里，传承屈原文化，厚植城市精神，塑造优秀品格，将进一步彰显宜昌的独特气质和文化自信。

一、弘扬一种精神

通过分析屈原的人生历程，不难发现，情感与理智、执著与超越的矛盾统一，伴随着一生。放眼其在世界思想文化史上的独特贡献，可以将屈原文化的精髓总结归纳为基于忧患意识的求索精神。

忧患意识是求索精神的基础。屈原的忧患不仅是源自对岁月流逝、人生短促的感叹，更是对国家前途、百姓命运的担忧。求索精神是忧患意识的升华。屈原文化所蕴含的基于忧患意识的求索精神，其本质是改革创新精神，在历史上对中华民族共同体意识的形成起到了重要的构建作用。在屈原之后两千余年里，忧患求索的精神和淳朴自然的山水共同哺育了屈原故里的世代黎民。近代宜昌，因对外开放而走上历史进步的前台；现代宜昌，因改革开放而迸发出蓬勃的生机；当代宜昌，势必焕发高质量发展的活力。

图 1　屈原像

今日宜昌，承运屈原的伟大灵魂，弘扬基于忧患意识的求索精神，汲取屈原文化的智慧力量，正以持续改革的勇气与担当，为加快建设长江大保护典范城市、打造世界级宜昌，扎实培育厚重悠远、创新前瞻的城市文化品格。新时代中华民族文明现代化、强国复兴大业，都迫切需要大力弘扬"爱国忧民、求索奋进"的屈原精神。

二、承续两项美德

耿耿爱国情，濯濯清廉志，这两项高贵品德始终贯穿着屈原的魅力人生。屈原兴利除弊、爱国忧民，清正廉洁、高雅脱俗，信念坚定、刚直不阿，"吾不能变心而从俗兮，固将愁苦而终穷"（《楚辞·九章·涉江》），成为历代仁人志士效仿学习的典范。其心系苍生爱国爱民、芷兰芳香廉洁自律，其耿耿爱国情、濯濯清廉志已内化生成为中华民族共同的优秀文化品格，世代传承，在新时代伟大的社会实践中必将进一步发扬光大。

三、建设三大基地

传承屈原文化需要资源集聚性的基地作为载体，凸显创建世界文化旅游名城的人文标志和核心景观。从现实基础和未来发展来看，在宜昌市域三个不同地点（乐平里—秭归县城—宜昌城区）分别建设屈原文化三大传承基地（屈原老家—屈原故里—屈原文化公园），以此构建一个由小到大的圈层，协同培育、错位发展，打造屈原文化旅游目的地。

屈原老家乐平里是内核基础圈层基地。乐平里现名屈原村，依托独特的人文和自然资源，乐平里生态文化旅游区总体规划有待加快推进，将来屈原老家可打造为集观光体验、休闲度假、研学教育等于一体，富有神圣、浪漫、诗意、自然等美好心灵体验的生态文化创意旅游综合体。

屈原故里是中间重点圈层基地。屈原祠、江渎庙等24处峡江地面文物因修三峡大坝而集中迁建于此。屈原故里位于秭归县城茅坪镇凤凰山。激扬屈原文化、追溯峡江楚韵、拥览天筑情怀，弘扬爱国主义和浪漫主义，基本形成具有浓郁三峡地域特色的文化旅游项目和产品，正着力打造三峡文物保护示范区和全国文化旅游示范区。

屈原文化公园是外围拓展圈层基地。屈原文化公园选址紧邻长江的磨基山片区，集合了屈原文化研究、文化展陈、教育传播、文化创意、运动休闲等功能。

建成后，将形成面向世界的屈原文化研究、交流和推广平台，以浪漫厚博的屈原文化充实宜昌文化内涵，填补城市文化功能短板，破解宜昌城区长期无核心文化支撑及文化空心的窘境。

四、彰显四个形象

一曰贤人，有才有德之人谓贤人。作为贤人的屈原，是后世重视自我修养、谋求改革图强的榜样。二曰士人，古代称文人知识分子这一精英社会群体为士人。屈原对完美人格的执着追求，赢得了历代知识分子的心灵共鸣，他的高洁品格与入世行为，是中华民族知识分子文人风骨的楷模。三曰诗人，屈原被誉为"诗魂""中华诗祖""辞赋之祖"。其作品《离骚》《九歌》《九章》《天问》等构成了《楚辞》的主体，成为中国浪漫主义文学的源头，影响深远。四曰哲人。屈原文学的哲学含义主要在于三篇：《离骚》《楚辞·远游》《天问》，屈原爱国精神以先进的哲学思想为基础，其对宇宙自然、天地万物的探究，是一种科学的认识、哲学的思辨。

贤人、士人、诗人和哲人，这四个形象在屈原多维立体形象中居于主体地位。准确把握这四点，可以将一个备受古今崇敬的屈原形象立体地勾勒出来，通过艺术手段予以生动鲜活地呈现，实现与当代人思想的沟通与情感的共鸣。

五、解决五道难题

一是理论研究问题。当前，对屈原文化遗址遗存及非物质文化遗产的资源调查还不够全面和深入；对屈原文化的现实意义及现代性转化的理论研究还不够深入：在赋予屈原文化以时代精神和适宜形式上，与当代需求对接还不够有效；对屈原生平事迹、文学作品、历史贡献、文化精神等的合理解读还不够充分；专业性学术研究团体不多，队伍较松散，学养参差不齐，老龄化突出；各据一隅、自说自话，聚焦热点难点、系统谋划持续推进还不够；存在学术浮躁、重复研究、成果泛化、自我固守等异化倾向，严谨扎实的理论成果还不多。对于屈原文化研究机构，要打破"小圈子"藩篱，凝聚专兼研究人员，协同开展系统性研究；指导市屈原学会规范化发展，团结各界爱好者自觉开展屈原文化研究与普及工作；争取省屈原学会、中国屈原学会将宜昌作为屈原文化研究基地，定期在宜昌召开国内国际学术研讨会。从历史、文学、非遗、文化产业等不同角度，深入开展研究，积淀成果，为弘扬和开发屈原文化提供理论支撑。

二是传播普及问题。屈原文化研究成果多为文献探究，对相关典籍的通俗化解读相对不足；个别研究者因学术认知有限，激情式评说代替严谨的学术研究，出现简单化、庸俗化、牵强化的解读；片面迎合市场，对屈原文化过度商业化包装和利用，以致本真内涵式微，对屈原文化造成损害。楚辞是屈原文化流传的主要载体，但学校教育所选篇章较少且碎片化明显，艰涩难懂是一般读者的共同感受，影响大众普及；屈原文化遗址遗存不多，真切体验难得深入，不利日常传播。屈原形象主要源自教科书或传统哀愁清冷的雕像，政治改革家、浪漫主义诗人等丰富形象缺乏生动的物化呈现。为此，可推广回归经典的屈赋诵读计划，对新建道路、公园、场馆等处予以屈原意蕴命名，高质量建设屈原文化公园，持续举办屈原文化旅游节，让屈原文化走进普通大众，改变曲高和寡的情势。

图 2　秭归县屈原祠

三是文化生态问题。屈原文化博大精深，各地民俗、屈原传说等非物质文化遗产有很强的地域特征，与山川动植、村落地名、习俗心理等密切关联，但受经济利益驱使，重眼前利益轻长远发展，使屈原文化遗产真实、完整的生态环境受到破坏，迫切需要"完善区域性整体保护制度，将非物质文化遗产及其得以孕育、发展的文化和自然生态环境进行整体保护，突出地域和民族特色"。为此，可规划建设宜昌屈原文化生态保护区，结合中国民间文化艺术之乡、中国传统村落、中国美丽休闲乡村、全国乡村旅游重点村、历史文化名城名镇名村、全国"一村一品"示范村镇等项目建设，深入挖掘屈原文化内涵，建设屈原文化特色村镇、街区，提高屈原文化区域性整体保护水平。

四是产业融合问题。主题性纪念馆、博物馆、文化公园和广场等是屈原文化集中展示和传播的主要场所，文化与旅游融合发展已成共识。屈原文化旅游节、端午民俗文化旅游节等，展示了文化为旅游塑魂、旅游为文化赋力的密切关系。从产业融合发展角度看，屈原文化处于被动依附地位，即使是研学旅游，屈原文化的合理开发也不够，在文旅融合发展中未发挥主体作用，屈原文化元素还无法与文旅产业全面有效对接。科学合理的发展思路是"屈原文化+"和"+屈原文化"的充分实现，前者可以理解为屈原文化为主体的文化创意产业发展，是屈原文化产业链的打造问题，如围绕屈原文化旅游构建的屈原文化旅游吸引物、主题酒店、特色餐饮、旅游演艺及商品等；后者主要是将屈原文化元素有机融入各个产业之中，能融尽融，如企业文化 + 屈原文化、农业产品 + 屈原文化，为各行各业提供屈原文化内涵和品牌形象。

五是统筹协调问题。因部门职能分割和权限影响，区域壁垒和条块分割现象依然严重，还未形成协同配合、齐抓共管的文化传承和保护机制，难免陷入保护与利用脱节、开发激进与后续乏力的困惑，亟待加强统筹协调，以便形成合力。要强化政府主导作用，重视屈原文化的价值取向，明确屈原文化的发展定位、总体规划、重点任务等，列出责任清单和考核目标；统一对外形象宣传，避免自说自话；将屈原文化项目纳入全市重点发展项目库，以项目驱动创新发展；将屈原文化纳入全市各级各类学校地方文化特色课程；大力培育屈原文化宣传师资，深入学校、社区等重点单位和区域宣传、普及屈原文化；将屈原文化作为全市重大文化持续推进项目，予以专项资金保障；加大传统文化人才培养力度，解决屈原文化基层保护和专业技术人员后继乏人问题；深挖屈原文化内涵，增强现代意识、文化认同感和使命感，激活屈原文化的优秀基因。

六、采取六点措施

一是深入调查研究。全面谋划、继续深入开展屈原文化资源调查，对原始经典、历史文化遗址和传说、独特的民俗民风、世系谱牒、对外传播、开发利用、研究队伍、理论成果、传承方式等内容，建立完善屈原文化数字化资源库，结合当代民众的文化需求对屈原文化进行全面、科学、系统地梳理、挖掘和研究评估，这将有益于开发过程中平衡继承与创新的关系。

二是完善机构组织。明确屈原文化建设的管理职能部门，明晰职责和任务；完善屈原文化研究组织机构，开展常态化、持续性理论研究；组建屈原文化发展智库，凝聚高校、院所、党政、社群等各界专家智慧，提供专业咨询；规范、引领屈原学会活动，团结更多领域的屈原文化热爱者，开展理论研究与实践传承活动；有计划资助中青年研究人员进修学习，提升整体素质和能力，培育研究队伍。2021 年 12 月 3 日，宜昌市政府与中国社会科学院文学研究所合作共建的屈原文化研究院在宜昌揭牌，研究院将以屈原文化学术研究、学术交流和学术传播为主攻方向，突破性传承发展屈原文化。作为一个良好的开端，其持续有效运作也是值得关注的重点。

三是编制建设规划。屈原文化已渗入中华民族精神，随着时代发展，其丰富的内涵需要不断挖掘，才可能实现创造性转化和创新性发展。这需要强化顶层设计，可编制屈原文化建设十年规划，分为近期（3 年）、中期（4～6 年）和远期（7～10 年），科学前瞻、整体规划、切合实际、稳步实施，科学指导屈原文化的保护利用、有序开发，促进文化旅游业持续健康发展。

四是构筑文化地标。屈原故里景区的屈原祠是秭归文化地标，激光演艺进一步丰富和完善其文化内涵。城区屈原文化公园正在按规划设计实施，乐平里屈原老家的开发已编制规划，但二者的文化地标仍有进一步深入研究论证的必要。三大屈原文化传承基地"三位一体"，各具"比较优势"：屈原故里的核心是屈原祠，以博物馆式为主呈现；乐平里的核心是古村落，以生态文化复原式为主呈现；宜昌城区的核心是文化主题公园，以现代文创休闲为主呈现。三地各具特色，互为补充，共同构筑宜昌屈原文化核心吸引物的三大地标，实现屈原文化凭吊、体验、研学、传承、休闲等功能需求。

五是探索传承方式。屈原文化普及需要科学、规范的读本，可从中小学生、大学生和社会大众实际出发，编研屈原历史故事（主供学前儿童）、屈原作品诵读（主供小学及初中学生使用）、屈原文化读本（主供高中、大学生及社会人士使用），满足不同受众需求。开发屈原文化创意数字资源，用于新型融媒体的传播。为谋求屈原文化现代性转化，赋予时代精神和适宜形式。央视"典籍里的中国"对屈原楚辞进行了新颖的现代诠释，在寓教于乐中实现屈原文化与公众需求的有效对接，成功改变了说教灌输式的传承方式。要将屈原故里端午文化的资源优势转化为特色文化产业发展优势，可以"有针对性地系统构建内涵化、生态化、情感化、数字化、产业化、国际化的'六化'发展对策"。

六是丰富形象宣传。屈原文化需要在传承中得到升华，通过现代传播手段增强生命力。历史上的屈原饱含浪漫激情、忧国爱民、卓然独立、求索创新，其形象生动鲜活，但文化断层让屈原在当今民众意识中徒留孤冷刻板的单薄影像。作为宜昌乃至湖北首屈一指的世界文化名人，地方有责任调动社会多元主体参与屈原文化传播的积极性，信息共享、科学宣传，再现一个全面真实、丰满深刻、可敬可亲的屈原形象。文字描绘、画像雕塑、数字影像等多元表现方式可提高传播效率，"物化＋活化"是文化创意与产业融合的过程，也是屈原文化符号构建的有效路径。

屈原文化是宜昌最具优势的传统文化和软实力资源，在加快建设长江大保护典范城市、打造世界级宜昌，努力在推进中国式现代化湖北实践中走在前、作示范的背景下，传承屈原文化、厚植城市精神、塑造优秀品格是宜昌城市人文内涵建设的重要内容。弘扬一种精神是对求索创新价值的传播，承续两项美德是对爱国清廉内蕴的体认，建设三大基地是对传承交流平台的构筑，彰显四个形象是对多维立体人物的解读，解决五道难题是对问题困难挑战的分析，采取六点措施是对塑造品格路径的保障。深入井展屈原文化创造性转化、创新性发展的理论探讨和实践探索，可以进一步激活屈原文化的生命力，使其在塑造宜昌新时代城市品格中绽放更加绚丽的光彩。

本文系宜昌市 2024 年度社会科学研究课题《屈原文化创造性转化创新性发展的路径探析》（ysk24ybkt005）研究成果。

（课题组成员单位：三峡旅游职业技术学院、宜昌博物馆）

> 宜昌是世界文化名人屈原的故乡，屈原文化是宜昌最具优势的传统文化和软实力资源。在加快建设长江大保护典范城市、打造世界级宜昌，努力在推进中国式现代化湖北实践中走在前、作示范的背景下，传承屈原文化、厚植城市精神、塑造优秀品格是宜昌城市人文内涵建设的重要内容。本课题围绕屈原文化内在的核心精神，通过内在精神与美德的剖析，总结提炼、系统构建屈原文化创造性转化创新性发展的有效路径，有助于宜昌传承和弘扬屈原文化。

分片互助共享：破解农村养老难题的红色密码

——来自兴山县农村互助共享养老的调查报告

中共兴山县委组织部

2022 年下半年以来，特别是开展第二批主题教育以来，兴山县积极应对农村养老新情况新形势，以黄粮镇后山村为试点，探索分片互助共享养老新模式，有效破解了农村养老难题，疏通了基层治理堵点。目前，已在各乡镇分别确定一个村，进行示范推广。

一、背景动因

宜昌市兴山县地处鄂西山区腹地，老龄化率达 26.6%，农村老人空巢化问题严重，大量农村独守老人、独居老人、鳏寡孤独"三独"群体养老服务需求难以得到满足，成为农村基层治理的难点。2022 年 8 月 26 日，时任宜昌市委常委、统战部部长的燕元沂深入黄粮镇后山村蹲点调研，召开屋场院子会，探讨农村养老问题，明确提出推进农村互助养老实践的要求。为落实这一要求，兴山县抢抓深化共同缔造推进基层治理体制机制市级试点机遇，聚焦农村养老这一重大课题，深入黄粮镇进行了细致调研。调研结果表明，推行农村互助养老，是解决农村养老难题的重要途径、有效举措，不仅势在必行，而且切实可行。

（一）推行互助养老，是破解农村养老难题的形势之需

兴山县黄粮镇地处鄂西山区腹地，全镇总人口 1.89 万，其中 60 岁以上老人 6206 人，老龄化率达 32%，高于全县平均水平。以该镇后山村为例，该村是典型的半高山村，全村总人口 830 人，常住人口 380 人，其中 60 岁以上老人 238 人，常住人口老龄化率高达 62.6%，老人"空巢化"问题突出，农村养老任务繁重，已经成为农村基层治理的重大难点、堵点、痛点。但现实情况是，后山村老人中，除 7 名退休回村的老干部、老教师、老医生外，13 名参加灵活就业养老保险的

差"，在老人中建立邻里"手拉手"对子 87 个，实现互助服务，将空巢老人"平时有人问、难时有人帮、病时有人管"落到了实处。

图 2　黄粮镇后山村开展互助养老积分兑换活动

（二）落实日常任务，在应对养老需求"空泛化"中破解"缺实效"难题

改变过去养老服务慰问式、突击式做法，在落实四项日常任务中增强实效性。一是"早看炊烟晚看灯"，坚持"一看二问三上门"，每天例行观察房顶炊烟和屋内灯，随时关注老人起居，观察是否安全、健康、饮食正常；二是"勤理头发多寒暄"，利用农闲和晚饭后时间，上门拉家常、话家事，帮助老人理头发、剪

图 3　黄粮镇后山村幸福食堂

指甲，问家常、理家事、解家难，传递情感慰藉和关怀；三是"月洗床单季换衣"，定期上门查看鳏寡孤独老人厨房、卧室卫生，清洗床单被褥，整理换季衣服，送柴劈柴生火，做到知冷知暖；四是"常问病痛急送诊"，分片区摸清患病老人底数，分类建立台账，实行动态管理，经常上门询问病情，提供买药、熬药等服务，紧急时迅速送医。互助养老工作推行以来，各片区及时妥善处置紧急事件5起，帮助6名孤寡老人、97名慢性病老人解决就医难题73个，为高龄老人提供照料服务275人次，真正做到了"问得勤、帮得实、管得细"。

（三）提升保障水平，在应对养老需求"多样化"中破解"缺能力"难题

针对养老需求日益多元化的现状，后山村坚持在搭建平台、激活队伍、强化保障上下功夫，不断提升服务能力和共享水平。一是搭平台，提高村级支撑力。为26名吃饭无着落的老人办起了老人幸福食堂，为97慢性病老人建起了互助医养中心，为146名鳏寡孤独老人安装了定位电话、摄像头等智慧养老设备。老人个性化养老需求有了共享平台，得到了有效保障。二是抓培训，增强队伍服务力。先后分医学常识、老人护理、紧急救护等专题，对养老中心户和志愿者服务队进行3轮集中培训，互助养老队伍服务能力明显增强。三是设积分，激发互助内动力。依托基层治理文明积分制，创新设立"双520"互助养老积分，即：设置"生活照料、日常巡护、志愿服务、互助养老"等5类养老服务积分，建立互助养老服务《正反向清单20条》；将养老中心户基础分定为520分，根据实际得分，在慈善超市兑现物质奖励，有效调动了互助养老积极性，带动全村爱老、孝老、助老蔚然成风。

三、实践成效

后山村分片互助共享养老模式突出了以人民为中心的思想，在解决农村养老服务缺人手、缺实效、缺能力难题，满足农村老人的养老需求等各方面成效明显。

（一）农村老人解决了养老之难，生活舒心

志愿者的日常服务满足了农村老年人特别是空巢、独居老人安全需求、卫生需求、购物需求、生活需求、情感需求、就医需求等基本需求，有效缓解了农村老人的养老难题。

（二）家属子女消除了后顾之忧，在外安心

互助养老让老人们面临的难题一个个及时得到解决，通过智慧养老系统看到父母在家健康、安全，近400名在外奔波的子女不再时时担心忧虑、牵肠挂肚，能够安心工作、安心发展，也为全村带来超过3000万元的劳务收入，人均纯收入预计增加150元以上，增幅均超过10%。

（三）全体村民增进了互助之情，邻里连心

通过村民之间的互帮互助，邻居之间走动多了、关系近了、人情味回来了，逐渐找回了农村熟人社会的影子。截至目前，养老中心户和互助志愿者已通过养老服务融化邻里矛盾纠纷20余起，村内社会更加和谐稳定。

（四）村级组织实现了良善之治，赢得民心

在互助养老试点过程中，通过建协会、划片区、聚力量，成功发动乡贤能人40多人；通过搭建"党支部—村民小组—中心户"党组织体系，让治理半径更小、队伍结构更优、干群关系更亲。村级党组织战斗力、凝聚力进一步增强，在群众中的公信力也进一步提升。

四、经验启示

后山村分片互助共享养老模式顺应形势、切合实际，为全面推进农村互助养老、完善农村养老体系提供了借鉴，主要体现在四个方面：

（一）必须坚持党建引领

后山村在村党组织领导下，加强对村级老年协会的领导，把自治组织、志愿组织等各类组织发动起来。充分发挥无职党员作用，带动老教师、手艺人、热心村民、退伍军人等群体都参与到养老服务中来，在帮助老人、服务老人过程中，各尽所能。实践证明，推进农村互助养老，必须始终坚持党建引领，突出党员干部示范作用，让一支支农村"微力量"成为互助养老服务的生力军，成为老人"急"时找得着，"难"时帮得上，"愁"时靠得住，"盼"时信得过的"主心骨"。

（二）必须紧贴群众需求

后山村改变过去养老服务慰问式、突击式做法，组织养老中心户、互助服务志愿者落实"早看炊烟晚看灯、勤理头发多寒暄、月洗床单季换衣、常问病痛急送诊"四项日常任务，从细节着眼，从小事着手，从常态务效，在紧贴群众需求中增强实效性。后山村的试点经验告诉我们，推进农村互助养老，要畅通信息诉求传递渠道，弄清老人需求、子女期盼，从身边的老年人、老人的身边事进行互帮互助，下足"绣花"功夫，真正做到"问得勤、帮得实、管得细"，让老人在家门口实现"老有所依、老有所养"。

（三）必须突出互助特性

农村互助养老的"根"在院落、"魂"在互助。后山村将全村划分为6个互助养老片区，大力弘扬"换工互助"传统，通过在老人中"邻里结对"，推行健康老人帮助体弱老人，低龄老人帮助高龄老人，有专长的老人帮助没有专长的老人，在搭伙做饭、出行陪伴、聊天交流等日常照料中，促进老年人由"被赡养"到"自助养老"的角色转换，实现"互帮互助，自我管理"，满足老年人对日常照料和情感慰藉的需求，形成你帮我、我帮你，邻里互助情谊深的生动局面。

（四）必须注重共享支撑

后山村在试点过程中，围绕老人"助医、助餐、助洁"等共性需求，建立慈善超市、幸福食堂、医养中心等必要的共享平台，为农村互助共享养老持续深入推进提供平台保障，依靠的是不断壮大的村级集体经济。因此，必须把发展壮大村级集体经济摆在突出位置，不断增加村集体收入，在依法合规的基础上，充分运用集体经济收入，为互助养老提供必要的资金支撑，解决有钱服务的问题。同时，要着力推进养老"接力互助"制度化、长效化。后山村的养老互助文明积分就是很好的制度和机制，值得大力推广、不断完善。还应在建设乡村文化、制定乡规民约、加强宣传倡导上多做文章，让互助养老既成风尚，也成常态。

人口老龄化是推进中国式现代化必须面对的重大课题。党的二十届三中全会通过的《中共中央关于进一步全面深化改革推进中国式现代化的决定》提出"优化基本养老服务供给""加快补齐农村养老服务短板"。兴山县积极探索分片互助共享养老新模式，有效破解了农村养老难题。本文详细总结了兴山县探索分片互助共享养老的主要做法、实践成效及经验启示，为优化农村养老服务提供了参考和借鉴。相关经验被《中国组织人事报》《党员生活》《三峡日报》等推介。

关于推进紧密型医共体建设的调查与思考

——以湖北五峰土家族自治县为例

中共五峰土家族自治县委党校课题组

党的二十届三中全会进一步提出要深化医药卫生体制改革。市委七届七次全会强调"加快建设国家、省级区域医疗中心，完善分级诊疗体系，推进紧密型医共体建设，强化基层医疗卫生服务"。紧密型县域医共体的建设工作，是当前深化医药卫生体制改革的一项重要任务。在健康中国和乡村振兴全面推进的大背景下，2019 年以来，五峰积极探索县域医共体建设，医疗卫生服务能力持续提升，成效逐步显现，但同时仍然面临一些问题和困难，需要进一步总结经验、直面问题，以更加有力的举措推动县域医共体效能提升。

一、五峰推进紧密型县域医共体建设的实践探索

五峰地处鄂西南，与湘鄂两省六县市交界，是宜昌市唯一的"口子县"，全县户籍总人口为 19.19 万，常住人口 16.15 万，面积 2372 平方千米，辖 5 镇 3 乡、13 个居民委员会、97 个村民委员会、53 个居民小组、691 个村民小组。五峰经济发展相对滞后，山大人稀，医疗资源分布不均，城乡医疗差距明显。为提升县域内医疗服务水平，近年来五峰积极探索紧密型县域医共体建设，取得了良好成效。

表 1 　　　　　　五峰近 5 年医疗卫生事业基本情况

指标	单位	2019	2020	2021	2022	2023
卫生机构数	个	147	143	137	137	136
其中：二级综合医院数及卫生机构	个	6	6	6	6	5
乡镇卫生院	个	8	8	8	8	8
村卫生室	个	132	128	96	96	97

续表

指标	单位	2019	2020	2021	2022	2023
村医务室	个	1	1	27	27	26
实际开放床位	张	831	916	1070	1070	1070
卫生机构人员数	人	1016	1051	1053	1119	1146
卫生技术人员	人	892	1004	1002	1050	1073
其中：执业（助理）医师	人	417	442	445	471	484
注册护师、护士	人	426	505	541	552	563

（一）"高位推动＋部门联动"理顺组织体系

一是立柱架梁，搭建管理架构。五峰成立了医共体管理委员会、医共体党委、医共体理事会，分别负责需要部门协同的重大决策、医共体系统内重大决策、医共体日常运行管理相关事宜。二是高位统筹，全面部署推进。以"124"联席会模式推进医共体运行，即医共体管理委员一年至少召开一次会议，医共体党委一年至少召开两次会议，讨论医共体建设推进重大事项。医共体理事会一年召开四次会议。三是高效实施，打造联动格局。牢固树立全县上下"一盘棋"思想，以医保、人社、编办、财政等部门协作推动医共体"三医"联动，确保建设质效。

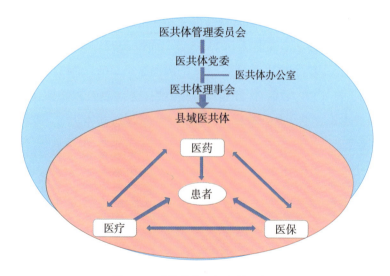

图 1　五峰医共体组织架构运行图

（二）"龙头引领＋分级运转"构建运行体系

一是优化设置，梯次管理。构建"总院带分院，分院带乡村"的1+8+N模式。1即建强医共体总院。8即带动8家乡镇卫生院。N即总院和乡镇卫生院共同带领N个村卫生室。二是龙头带动，以上率下。充分发挥总院带动作用，成立紧密型县域医共体医疗资源心电、影像等五大共享中心，实现乡镇检查、县级诊断，推动实现医共体分院医疗质量的同质化。三是明确定位，共同发展。在总院带领下，各分院结合各自功能定位，明确发展方向。县人民医院着力打造三级综合医院。县中医院着力打造西部医疗分中心、全县中医药服务中心。其他乡镇卫生院围绕医疗和公卫并重，大力发展医疗业务。

（三）"统筹协调＋要素下沉"打造服务体系

一是管理下沉明方向。明确医共体内坚持"五不变"和"六统一"的管理模式。"五不变"即卫生院的公益性质和基本功能定位、独立法人、职工身份和隶属关系、资产和债权债务权属、财政投入体制和相关支持政策不变。"六统一"：机构、人事薪酬管理、业务统一管理，医保基金统一分配，信息化建设统一规划，财政补偿统一核算。二技术下沉强业务。指导乡镇医院建设血透室4个，破解了患者长途跋涉甚至长期租房透析的无奈。全县实现胸痛救治单元、卒中防治站创建全覆盖，2023年乡镇卫生院开展心梗、脑梗溶栓41例，大大降低了致残率和死亡率。三是人员下沉聚合力。总院选派县级专家常年下沉到乡镇卫生院进行院内查房、坐诊、培训，进村入户开展健康讲座、现场义诊巡诊。2023年以来，共下沉专家指导235人次，开展培训87场次、健康讲座155场次。四是服务下层助纾困。积极推动公共卫生服务下沉，创新组建"1+3+N"家庭医生团队，打造1名县级及以上专家（专科医生）+3名乡镇医生（临床医生＋公卫医生＋乡村医生）+N名辅助人员（护理、超声、药学等）下沉到包保村服务包保责任化新模式。

（四）"常态监督＋绩效考核"完善考评体系

一是常态化开展内部监督。以县人民医院为主导成立医疗等13个质控中心，实现医疗质量同质化管理。成立项目、财务监管中心，指导基层项目资金管理，并制定相关工作质控考核细则，定期常态化对乡镇卫生院医疗质量进行督导检查。二是完善绩效考核机制。制定县域医共体绩效考核评价方案，分牵头单位和成员单位两个层面进行考核，对医共体行政、业务、财务、药械管理和分级诊疗等进行考核。

二、五峰推进紧密型县域医共体建设面临的问题

五峰在医共体建设过程中做了诸多探索，但也依然面对一些问题和阻碍需要进一步解决和疏通。

（一）制度体系有待系统构成

一是因地制宜的纲领性文件相对缺乏。五峰积极贯彻国家和省市关于医共体的指导意见和政策并积极实践探索，出台了《紧密型县域医共体建设的方案》《医共体绩效考核评价方案》等，但均是卫健系统为主导，缺乏系统性，政策协同性不强、宏观调控力有限。二是缺乏配套细则和实施办法。当前政策制度大多实施主体不够明确，医保、财政、人社、编办等相关核心部门缺乏明确具体的支持性配套政策，导致在推行医共体建设过程中，难以将上级政策本地化，各部门之间协同合作力度不够。

（二）利益体系构建有待完善

一是打破利益藩篱阻力较大。医共体内部各成员单位其收入结构存在差异，县级医院和乡镇医院存在差额和全额不同的财政拨款方式，加之不同单位绩效分配也存在差异。收入分配机制的不同增加构建利益共同体的阻力。二是医疗机构竞合关系尚未真正改变。医共体建设在管理、人事、技术等方面建立了紧密联系，但"分灶吃饭"的局面并未真正改变，业务竞争仍比较明显。三是绩效考核指挥棒作用有待加强。五峰每年拿出 500 万元医保基金用于医共体绩效考核，但医保基金怎样在医共体成员单位中公平分配，怎样调动成员单位内部的积极性还有待进一步探索。

（三）分级诊疗体系效果不佳

一是群众对基层首诊信任度不够。居民健康知识知晓率低，对疾病规律认知不够，对基层医疗卫生机构服务能力持怀疑态度，对医疗服务质量期望值又不断提高。二是双向转诊"上得去下不来"。双向转诊缺乏明确的"双向转诊"配套政策，难以确保下转患者享受连续性、同质化的医疗服务。加之尚未建立利益分享机制，加剧了"上得去下不来"境况。三是急慢分治机制待完善。由于缺乏有效的指导性意见和实施办法，文件所倡导分级诊疗暂时缺乏实质性措施，继而对"急慢分治"的监督和考核也无章可循、效果不佳。四是上下联动不够顺畅。当前改革政策制定权和监督执行权较为分散，缺乏有关部门协调其他部门制定出台

综合性政策措施，没有从根本上解决优质卫生资源下沉积极性不够、效率效能不高等问题。

（四）信息标准化体系有待加强

一是基础性建设薄弱。由于财力有限，牵头医院建立的信息系统投入有限，基础比较薄弱，信息化基础性建设还有待进一步加强。二是业务系统整合有待加强。由于前期医疗信息化建设缺乏统一规划，不同机构不同系统之间无法有效进行数据的互联互通，也造成了相关业务无法有效进行整合。三是医疗信息利用不够。现有平台很多数据不能通过系统进行数据分析，更多需要人工导入导出和分析，整合的数据挖掘和综合利用不够，没有很好发挥利用数据对常见病的预防、管理和治疗的作用。

三、促进五峰紧密型县域医共体建设的建议

五峰在以医共体建设促进县域医疗体系效能提升时面临的问题既有个性问题，又有共性问题，现就紧密型县域医共体建设提出如下几点建议。

（一）构建系统的制度体系

一是加强县级层面宏观政策调控。发挥党委领导核心作用和政府主导作用，围绕"县级强、乡级活、村级稳、上下联、信息通"制定医共体建设发展战略和规划，明确目标、任务、时间表等。颁布医共体建设实施方案等文件，为医共体建设提供政治保证，推动政策出台和落实。制定医共体权责清单，明确政府、卫生健康行政部门、医共体三方权责，配强配齐医共体领导班子。二是配套制度体系推动决策管理赋权。党委政府应授予医共体在编制、组织、人社、财政、医保等方面的一定的管理权限，并建立县域医共体管理章程及相关制度，包括医共体机构和内设机构设置权、成员单位领导班子和中层干部的聘任和调配权、人员公开招聘、内部绩效考核自主权、内部医保基金管理和分配权等，形成一套完整的制度体系。同时，促进医共体与各相关政府职能部门及内部成员单位建立常态化合作协商机制，定期召开联席会议，形成多方共商、共建、共享的决策模式。

（二）打造共建共享的利益体系

一是合理收入分配。要在医共体各成员单位人员薪酬结构不同的基础上，提高固定薪酬在医务人员收入中的占比。建立医疗收入统一管理和独立核算机制，细化收入来源、分类和分配情况，确保医共体内部成员单位医疗收入纳入整体管

理范围，推动医疗收入和分配的透明化和规范化。二是发挥医保联动作用。根据县域医共体医疗服务特点，探索一定金额医保资金直接拨付给医共体自行管理和使用的机制。同时制定结余留用和合理超支分担机制。针对结余资金制定留用政策，将一定比例用于医共体建设和改进，如设备更新、人才培养、绩效考核等，剩余部分根据各成员单位的办医规模、服务范围、人口情况等按比例分配。超支情况下，则根据各单位实际情况和所做贡献协商建立分担机制，从而形成利益共享、风险共担的共同利益体。三是设立经费补助和绩效考核机制。建立医共体绩效考核机制，以公益性为导向评估各成员单位在医疗服务和基本公共卫生服务项目方面的绩效和质量，对医疗质量、服务范围、成本控制等方面走在前列的单位给予一定奖励，对公共卫生服务项目取得成效的单位给予一定补助经费。

（三）科学构建分级诊疗体系

一是提升基层首诊信任度。建立教育引导机制，广泛深入宣传基层首诊制度，做好群众就医习惯和行为引导。加大县、乡两级医疗卫生机构分级诊疗病种、医保补偿政策、特色学科、名医专家的宣传力度，引导群众选择基层医疗机构就医。二是规范双向转诊秩序。明确医共体各成员单位功能定位，不同级别的医疗机构确定分级诊疗病种，明确转诊适应范围、流程和标准，按病种实行责任医疗。制定统一转诊政策和规范，优化医共体内部成员单位之间的转诊流程，对紧密型县域医共体内实现双向转诊的住院患者不再重复计算和收取住院起付费用。三是建立急慢分治机制。急慢分治应当以疾病谱、疾病分类分期、患者分类或手术分级诊疗管理等为切入点，明确急性病和慢性病的种类，以及同一个疾病在不同发展阶段的急慢区分，合理划定转诊半径，引导患者到适宜的医疗机构接受相应医师的诊疗，实现点对点、科学、及时动态转诊。四是积极推进上下联动。整合县级医院现有的检查检验、病理、放射线、消毒供应中心等资源，向基层医疗机构开放。探索规划设置独立的医学检验中心、病理诊断中心、医学影像检查中心、消毒供应中心和血液净化中心等，实现区域资源共享。推进检查检验结果互认。加强医疗质量控制，发挥医疗质量控制中心的职能和作用，提高医疗质量同质化水平。进一步推进县级医疗机构之间、下级医疗机构对上级医疗机构的检查、检验结果互认，进一步促进各层级医疗机构协调联动。

（四）加强信息标准化体系建设

一是建立县乡一体化医疗卫生信息平台。整合各成员单位的信息系统和数据库，制定统一的数据标准和格式，整合现有医疗卫生信息系统，完善分级诊疗信息管理功能，覆盖县级医院和乡镇卫生院、社区卫生服务中心。二是发挥互联网＋医疗作用。制定资源共享规范，明确医疗资料共享的方式和条件，推动电子健康档案和电子病历的连续记录以及不同级别、不同类别医疗机构之间的信息共享，确保转诊信息畅通。同时，提升远程医疗服务能力，实现优秀专家资源共享、完善医学远程会诊的运行机制，提高优质医疗资源可及性和医疗服务整体效率。三是充分利用和挖掘数据。如基于底层数据将相关数据进行挖掘、累加、汇总后，精确计算门诊住院患者人次、病种分布、平均住院日、床位使用率、药费比、诊断符合率、治愈好转率等各项质量、效率指标。及时分析工作内容或工作流程缺陷，并追溯原因，如门诊患者住院率高低、患者丢失率等，从而提高医疗卫生服务能力。

本文系宜昌市 2024 年度社会科学研究课题《湖北五峰构建紧密型县域医疗共同体的实践探索》（ysk24ybkt222）研究成果。

（课题组成员：韩文献、宋勇、孙轩邈、胡奥林、李会玲）

紧密型县域医共体的建设工作，是当前深化医药卫生体制改革的一项重要任务。文章系统总结了五峰县在优化县域医疗卫生资源配置、提高县域整体服务能力、改善群众就医体验、完善管理体制和运行机制等方面取得的积极进展和成效，并分析五峰在推进紧密型县域医共体建设方面存在的短板，提出有针对性的对策建议，为宜昌提升县域医疗体系的服务效能和服务能力提供参考。